CONTRATOS DE SEGURO

IFRS 17 - CPC 50

O GEN | Grupo Editorial Nacional – maior plataforma editorial brasileira no segmento científico, técnico e profissional – publica conteúdos nas áreas de ciências sociais aplicadas, exatas, humanas, jurídicas e da saúde, além de prover serviços direcionados à educação continuada e à preparação para concursos.

As editoras que integram o GEN, das mais respeitadas no mercado editorial, construíram catálogos inigualáveis, com obras decisivas para a formação acadêmica e o aperfeiçoamento de várias gerações de profissionais e estudantes, tendo se tornado sinônimo de qualidade e seriedade.

A missão do GEN e dos núcleos de conteúdo que o compõem é prover a melhor informação científica e distribuí-la de maneira flexível e conveniente, a preços justos, gerando benefícios e servindo a autores, docentes, livreiros, funcionários, colaboradores e acionistas.

Nosso comportamento ético incondicional e nossa responsabilidade social e ambiental são reforçados pela natureza educacional de nossa atividade e dão sustentabilidade ao crescimento contínuo e à rentabilidade do grupo.

JARDEL MARQUES MONTI
DIOGO CASSIN DE CARVALHO OLIVEIRA
JOÃO VINÍCIUS DE FRANÇA CARVALHO
EDUARDO FLORES

CONTRATOS DE SEGURO
IFRS 17 - CPC 50

COM DICAS,
CASOS PRÁTICOS
E EXERCÍCIOS

- Os autores deste livro e a editora empenharam seus melhores esforços para assegurar que as informações e os procedimentos apresentados no texto estejam em acordo com os padrões aceitos à época da publicação, *e todos os dados foram atualizados pelos autores até a data da entrega dos originais à editora.* Entretanto, tendo em conta a evolução das ciências, as atualizações legislativas, as mudanças regulamentares governamentais e o constante fluxo de novas informações sobre os temas que constam do livro, recomendamos enfaticamente que os leitores consultem sempre outras fontes fidedignas, de modo a se certificarem de que as informações contidas no texto estão corretas e de que não houve alterações nas recomendações ou na legislação regulamentadora.

- Data do fechamento do livro: 18/11/2022

- Os autores e a editora se empenharam para citar adequadamente e dar o devido crédito a todos os detentores de direitos autorais de qualquer material utilizado neste livro, dispondo-se a possíveis acertos posteriores caso, inadvertida e involuntariamente, a identificação de algum deles tenha sido omitida.

- **Atendimento ao cliente: (11) 5080-0751 | faleconosco@grupogen.com.br**

- Direitos exclusivos para a língua portuguesa
  Copyright © 2023 *by*
  Editora Atlas Ltda.
  Uma editora integrante do GEN | Grupo Editorial Nacional
  Travessa do Ouvidor, 11
  Rio de Janeiro – RJ – 20040-040
  www.grupogen.com.br

- Reservados todos os direitos. É proibida a duplicação ou reprodução deste volume, no todo ou em parte, em quaisquer formas ou por quaisquer meios (eletrônico, mecânico, gravação, fotocópia, distribuição pela Internet ou outros), sem permissão, por escrito, da Editora Atlas Ltda.

- Capa: Daniel Kanai

- Editoração eletrônica: LWO Produção Editorial

- Ficha catalográfica

  CIP-BRASIL. CATALOGAÇÃO NA PUBLICAÇÃO
  SINDICATO NACIONAL DOS EDITORES DE LIVROS, RJ

  C782

  Contratos de seguro : IFRS 17 - CPC 50 / Jardel Marques Monti ... [et al.]. - 1. ed. - Barueri [SP] : Atlas, 2023. : il.

  Inclui bibliografia e índice
  ISBN 978-65-5977-354-1

  1. Contabilidade - Normas. 2. Contratos - Brasil. I. Monti, Jardel Marques. II. Título.

22-80890	CDD: 657
	CDU: 657

  Gabriela Faray Ferreira Lopes - Bibliotecária - CRB-7/6643

SOBRE OS AUTORES

Diogo Cassin de Carvalho Oliveira

Atuário formado pela Universidade do Estado do Rio de Janeiro (UERJ), membro do Instituto Brasileiro de Atuária (IBA) e mestre em Engenharia de Produção pela Universidade Federal do Paraná (UFPR). Executivo com vivência em práticas atuárias, finanças, gestão de riscos e controles internos, atuando em companhias de seguro nacionais e multinacionais. Exerce liderança em projetos estratégicos relacionados à Estrutura de Gestão de Riscos, à Gestão de Capital e à implementação de marcos regulatórios relevantes, como Solvência II e IFRS 17.

Eduardo Flores

Professor do Departamento de Contabilidade e Atuaria da Faculdade de Economia, Administração, Contabilidade e Atuária da Universidade de São Paulo (FEA-USP – *campus* Capital). Membro do Comitê de Pronunciamentos Contábeis (CPC) e membro do Advisory Council of IFRS Foundation. Coordenador Técnico do Comitê Brasileiro de Pronunciamentos de Sustentabilidade (CBPS). Membro do Integrated Reporting and Connectivity Council of IFRS Foundation. Coautor de *Teoria da Contabilidade Financeira* e *Contabilidade de Instrumentos Financeiros* e coordenador de *IFRS no Brasil: temas avançados abordados por meio de casos reais*, publicados pelo GEN | Atlas.

Jardel Marques Monti

Atuário formado pela Pontifícia Universidade Católica de São Paulo (PUC-SP), membro do Instituto Brasileiro de Atuária (IBA) e pós-graduado em Atuária pela Universidade Federal do Rio de Janeiro (UFRJ). Sócio da Company Prime Consultoria, atuando como responsável pela área atuarial.

João Vinícius de França Carvalho

Professor Doutor na Faculdade de Economia, Administração, Contabilidade e Atuária da Universidade de São Paulo (FEA-USP), onde coordena o curso de graduação em Ciências Atuariais. É estatístico pelo Instituto de Matemática e Estatística da USP (IME-USP), atuário pela FEA-USP, doutor em Estatística pelo IME-USP e especialista em Teoria do Risco, Teoria da Ruína, Matemática Atuarial e Econometria de Séries Temporais. Membro do Instituto Brasileiro de Atuária (IBA) e do Conselho Curador da Fundação Instituto de Pesquisas Contábeis, Atuariais e Financeiras (FIPECAFI). Além disso, é membro do Comitê de Riscos da Brasilprev Seguros e Previdência S.A.

SUMÁRIO

Capítulo 1 – Introdução, 1

Questões, 4

Capítulo 2 – Contratos de seguro – IFRS 17, 9

2.1 Seleção dos agrupamentos em IFRS 17 – *Units Of Account* (UoA), 13

2.2 Definição dos grupos de rentabilidade e separação de contratos onerosos, 15

2.3 Gestão do negócio por safras de emissão, 17

2.4 Mudanças na avaliação dos contratos em IFRS 17, 18

2.5 Visão geral do modelo de mensuração, 21

Questões, 25

Capítulo 3 – Modelo Geral de Mensuração – Passivo para Cobertura Remanescente, 27

3.1 Projeção dos fluxos de caixa futuros (PVFCF), 38

   3.1.1 Premissas financeiras e não financeiras, 38

   3.1.2 Modelagem dos fluxos de caixa – *Fullfillment Cash Flows*, 43

3.2 Modelagem do Ajuste ao Risco não financeiro, 50

3.3 Margem de Serviço Contratual (CSM) & *Loss Component*, 61

   3.3.1 *Accretion* de juros sobre a CSM, 62

   3.3.2 Mudanças sobre as projeções de fluxos de caixa, 63

   3.3.3 Amortização da CSM (*release*), 64

   3.3.4 Novos contratos emitidos, 65

Questões, 73

Capítulo 4 – Modelo de Mensuração – Passivo para Sinistros Incorridos, 81

4.1 Estimação dos fluxos de caixa futuros (PVFCF) – LIC, 84

    4.1.1 Avaliação subsequente, 89

4.2 Ajuste ao Risco não financeiro – LIC, 92

Questões, 108

Capítulo 5 – Reconhecimento inicial e transição do padrão da IFRS 4 para o padrão da IFRS 17, 115

5.1 Abordagem Retrospectiva Completa, 118

5.2 Abordagem Retrospectiva Modificada, 121

    5.2.1 Avaliação da data de *inception* e data de reconhecimento inicial, 121

    5.2.2 Avaliação da CSM e *Loss Component* para um grupo de contratos, 122

5.3 Abordagem *Fair Value*, 123

Questões, 125

Bibliografia, 129

Gabarito das questões, 133

Índice alfabético, 137

CAPÍTULO

1

INTRODUÇÃO

Em maio de 2017, o International Accounting Standards Board (IASB) publicou a normativa IFRS 17 – Contratos de Seguro, cuja vigência se inicia a partir de 1º de janeiro de 2023. Essa norma complementa os dispositivos trazidos pela IFRS 4 e busca maior uniformização das demonstrações financeiras das companhias de seguros, bem como maior visibilidade para acionistas, clientes e demais *stakeholders*.

Entre as mudanças trazidas pela IFRS 17, ressalta-se sua convergência com alguns paradigmas de boas práticas de mercado, tais como *Market Consistent Embedded Value* (MCEV) e Solvência II. O foco é a avaliação da companhia de forma prospectiva, analisando-se seu valor de mercado, com o reconhecimento presente dos resultados futuros esperados, além de uma visão econômica do Balanço Patrimonial.

O mercado de seguros brasileiro aguarda o pronunciamento formal da Superintendência de Seguros Privados (SUSEP) sobre a adoção integral da IFRS 17, bem como a definição do prazo de adaptação para as seguradoras que operam no mercado local. Por outro lado, companhias multinacionais com divulgação em países que já adotaram integralmente a IFRS 17 devem observar atentamente o cronograma imposto pelo IASB para adaptação à norma (Figura 1.1).

FIGURA 1.1 Cronograma de implementação da IFRS 17.

Algumas mudanças estruturais são trazidas ao mercado de seguros com a implementação da IFRS 17, pois a normativa adota um *approach* de contabilização de todos os Passivos de seguros em uma ótica de valor de mercado, com a segregação de contratos onerosos e o gerenciamento do negócio por safra.

Há um desafio para as companhias de seguros em se adaptar a um novo modelo de publicação de resultados, em que há um nível de segregação altamente complexo. Isso irá demandar a revisão ou, até mesmo, a reestruturação dos sistemas operacionais (*feeder systems*) da companhia e seus sistemas contábeis, bem como o investimento em sistemas atuariais para projeções de fluxos de caixa, servidores de dados e capacitação dos colaboradores.

QUESTÕES

1. A IFRS 17 traz importantes diretrizes sobre a mensuração e o reporte dos contratos de seguros, delimitando sua aplicação aos contratos onde haja o conceito de "risco de seguro". Em relação aos produtos de Previdência Complementar e seguro com cobertura de sobrevivência comercializados atualmente (P/VGBL), assinale a alternativa **correta**:

a) Tais contratos se encontram fora do escopo de aplicação da IFRS 17. Por se tratarem de produtos com características de acumulação de recursos e usualmente comercializados como uma modalidade de investimento, devem-se mensurá-los de acordo com a IFRS 9 – Instrumentos Financeiros).

b) Esses produtos devem ser mensurados sob a ótica da IFRS 17, pois existe uma garantia prevista em contrato em que o participante pode optar por converter o saldo acumulado no Fundo de Investimento em uma renda, calculada de acordo com uma expectativa de vida. Tal opção representa um risco de seguro.

c) Não se aplica a IFRS 17 a esses contratos, pois existe a participação direta dos clientes sobre a *performance* dos fundos subjacentes que dão lastro a tais contratos.

d) Devem-se mensurar esses contratos conforme a IFRS 17, pois os participantes incorrem em um risco de perdas financeiras sobre o saldo do Fundo, decorrente da oscilação dos preços de Ativos.

2. Em relação à necessidade de separação de componentes para fins de mensuração de um contrato de seguros, é **correto** afirmar que:

a) O serviço de assistência funeral de um seguro de vida é considerado um componente de serviços e deve ser mensurado de acordo com a IFRS 15 – Contrato de Serviços.

b) Um serviço de assistência financeira previsto em um produto de seguro de vida não deve ser segregado ao se aplicar a IFRS 17, pois possui relação com a cobertura do contrato. Não é necessária, portanto, a mensuração de acordo com a IFRS 9 – Instrumentos Financeiros.

c) A assistência de reparos hidráulicos e elétricos de um seguro residencial deve ser separada e mensurada de acordo com a IFRS 15 – Contrato de Serviços, pois não existe um risco relacionado à cobertura principal do seguro.

d) Uma assistência de telemedicina de um seguro de vida não precisa ser segregada para a aplicação da IFRS 17, pois possui relação com a cobertura prevista no contrato.

3. Por ser uma norma baseada em princípios, a IFRS 17 não define um rol de linhas de negócios que devem ser agrupadas para mensuração dos contratos de seguros. No entanto, a norma introduz o conceito de agrupamento de contratos de acordo com suas similaridades. Em qual das alternativas a seguir observam-se linhas de negócio que possuem características e riscos similares?

a) Seguro Patrimonial e Seguro de Vida em Grupo.

b) Previdência Complementar e Seguro Saúde.

CAPÍTULO 1 | **INTRODUÇÃO** **5**

c) Seguro de Vida em Grupo e Seguro Habitacional.

d) Seguro de Vida em Grupo e Seguro de Acidentes Pessoais.

4. De acordo com o nível de granularidade estabelecido pela IFRS 17, assinale a alternativa **incorreta**:

a) Os contratos devem ser separados em coortes de acordo com a data do reconhecimento inicial do contrato. Essas safras não podem ser agrupadas em intervalos menores do que 6 meses.

b) A norma introduz três categorias de contratos em termos de sua rentabilidade, sendo elas: Contratos Onerosos, Contratos Não Onerosos e Contratos com Probabilidade de se Tornarem Onerosos. A definição dos critérios para classificação desses contratos quanto à sua rentabilidade fica a cargo da companhia.

c) Após a separação dos componentes (caso aplicável), agrupamento das linhas de negócios similares e segregação dos contratos por rentabilidade e safra de emissão, realiza-se a mensuração de cada *Unit of Account*, reconhecendo-se imediatamente eventuais perdas de contratos onerosos como resultado.

d) No caso de agrupamentos de contratos superavitários, realiza-se o reconhecimento dos resultados futuros conforme o decurso do período de cobertura do contrato.

5. Selecione a alternativa que descreve a essência de um risco de seguro, à luz da IFRS 17:

a) Operação de financiamento, na qual há antecipação de um capital ao contratante mediante o pagamento de principal e juros por prazo determinado em contrato.

b) Arrendamento rural, no qual o arrendador aluga a propriedade para que um produtor explore o terreno, realizando o pagamento de um valor estipulado por contrato.

c) Garantia para uma obra de infraestrutura, em que o contratante possui cobertura contra eventos aleatórios que podem inviabilizar as entregas pactuadas com o contratado, mediante o pagamento de um valor periódico a uma entidade garantidora para cobertura desse risco.

d) Consórcio de automóvel, no qual o consorciado realiza um pagamento periódico de uma taxa ao administrador do consórcio para custeio das taxas administrativas incorridas pelo grupo consorciado.

6. Uma companhia de seguros que reporta suas demonstrações financeiras em IFRS 17 iniciou suas operações nos negócios de Vida em Grupo e Residencial no ano de 2020. Considerando que essa companhia identificou contratos onerosos e possivelmente onerosos para o segmento de Vida, não observou contratos de Seguro Residencial que podem se tornar onerosos e optou por safras anuais para agrupamento dos contratos, selecione a seguir a combinação de *Unit of Accounts* que será reportada em 2021:

a) Residencial 2020 | Vida em Grupo Não Oneroso 2020 | Vida em Grupo Oneroso 2020 | Residencial 2021 | Vida em Grupo Não Oneroso 2021 | Vida em Grupo Oneroso 2021.

b) Residencial 2020 | Vida em Grupo 2020 | Residencial 2021 | Vida em Grupo 2021.

c) Residencial | Vida em Grupo – Oneroso | Vida em Grupo Não Oneroso.

d) Residencial 2020 | Vida em Grupo Não Oneroso 2020 | Vida em Grupo Possivelmente Oneroso 2020 | Vida em Grupo Oneroso 2020 | Residencial 2021 | Vida em Grupo Não Oneroso 2021 | Vida em Grupo Possivelmente Oneroso 2021 | Vida em Grupo Oneroso 2021.

7. A realização de um teste de onerosidade para verificar a expectativa de geração de resultado de um grupo de apólices emitidas por uma companhia de seguros é fundamental para a correta classificação e mensuração desses contratos. Nesse sentido, assinale afirmação **incorreta**:

a) Um produto que possui um Índice Combinado menor que 100% pode ser um produto oneroso, pois existe uma probabilidade de que, em certas condições adversas, os fluxos de desembolsos previstos sejam maiores que os ingressos de caixa.

b) Longevidade da população, catástrofes naturais, inflação, taxa de juros e ambiente regulatório são exemplos de variáveis que podem exercer influência sobre a rentabilidade de uma carteira.

c) Caso um produto possua um Índice Combinado menor que 100% nos dois últimos anos, é possível definir que esse portfólio não se tornará oneroso, pois o custo com sinistros e despesas incorridos foi inferior aos prêmios ganhos ao longo da vigência dos contratos.

d) Tanto técnicas de simulação estocástica como análise de cenários podem ser utilizadas para determinação da probabilidade de um contrato tornar-se oneroso. Independentemente do método utilizado, é importante que se tenham em conta as variáveis internas e externas que podem afetar o nível de rentabilidade de uma carteira.

8. Assinale a opção que represente **corretamente** níveis de agregação dos contratos de seguros em IFRS 17:

a) Safras de emissão, rentabilidade dos contratos e similaridades no perfil de risco.

b) Rentabilidade dos contratos, retorno sobre capital e safras de emissão.

c) Similaridades no perfil de risco, safras de emissão e provisões técnicas.

d) Similaridades no perfil de risco, rentabilidade dos contratos e prazo contratual.

9. Dentre as principais mudanças do atual modelo de IFRS 4 adotado no Brasil para a mensuração de contratos de seguros (*Local GAAP*) e a IFRS17, qual das alternativas a seguir é **correta**?

a) Como já existe no Brasil a figura do Teste de Adequação de Passivos, não é esperada nenhuma mudança com a adoção da IFRS 17. Os modelos atuariais para cálculo do superávit das provisões técnicas ou eventual insuficiência (Provisão Complementar de Cobertura – PCC) são suficientes para a incorporação da nova norma.

b) A mensuração dos Passivos no atual modelo de mensuração Local GAAP, apesar de sua relevância para a avaliação das demonstrações financeiras, ainda dispõe de algumas limitações. Dentre elas, destaca-se o fato de não se reconhecer o superávit integral das provisões técnicas, tal como o conceito de CSM estabelecido na IFRS 17 para reconhecimento dos lucros futuros.

c) Mesmo em um cenário em que uma carteira onerosa já possua provisão integralmente reconhecida nas demonstrações financeiras por intermédio de uma PCC, sob a ótica da IFRS 17, seria necessária a mensuração de um Ajuste a Risco para a incorporação à estimativa desse Passivo.

d) O efeito de marcação a mercado sobre o Passivo (variação por mudanças na taxa de desconto) é atualmente contabilizado na linha de resultado de seguros, como "Variação das Provisões Técnicas". Com a IFRS 17, a oscilação do Passivo por taxa de desconto compõe o resultado financeiro.

10. Uma empresa que adotou a IFRS 17 para mensuração dos contratos de seguros está revisando seus principais indicadores financeiros. Destaque a seguir uma estratégia **inadequada** para otimização de seus resultados e ganho de eficiência:

a) Mesmo que a companhia possua uma carteira de Ativos a valor justo com efeitos sobre o resultado, é recomendável que ela classifique o efeito da variação da taxa de desconto sobre os Passivos como *Other Comprehensive Income* (OCI), pois a volatilidade inerente ao mercado brasileiro poderá gerar impactos no resultado da empresa.

b) Ao identificar que os sinistros projetados pelo departamento atuarial são consideravelmente menores que os dados efetivamente realizados para determinado agrupamento, a companhia irá observar um aumento de *Experience Variance*. Isso sugere que a companhia está sendo otimista em suas projeções, devendo reavaliar os parâmetros utilizados.

c) Se a companhia classificar seus ativos como *Available for Sale*, definir o efeito financeiro sobre seus Passivos em OCI e investir em uma gestão de Ativos e Passivos (ALM) mais eficiente, não se espera que haja perdas financeiras relevantes com a variação de preços a mercado, e, caso ocorram, eventuais impactos não transitam em resultado.

d) O aumento do tempo de permanência dos clientes com os produtos da empresa, por meio de ações que estimulem uma melhor experiência, irá contribuir para maior expectativa de resultados futuros. Isso ocorre porque as premissas atuariais irão gradualmente supor um menor nível de cancelamentos nas projeções de fluxos de caixa futuros.

CAPÍTULO
2

CONTRATOS DE SEGURO – IFRS 17

O novo padrão contábil estabelece novos critérios e diretrizes para reconhecimento, mensuração e apresentação dos resultados dos contratos de seguros emitidos por uma companhia. Primeiramente, cabe destacar que a normativa se aplica a todos os contratos de seguros, perante os quais a companhia decide responsabilizar-se pelo pagamento de uma indenização de um risco significativo para uma contraparte (segurado), caso um evento futuro e incerto venha a ocorrer com o segurado. Entre esses eventos, podem-se destacar: danos totais ou parciais a ativos físicos, responsabilidade civil, morte, invalidez ou sobrevivência, entre outros eventos de interesse legítimo, desde que estejam explicitamente estipulados nas condições gerais do contrato.

Ademais, devem ser separados os componentes de investimentos ou derivativos embutidos, nos quais não haja o risco efetivo de seguro. Após essa separação, pela sua natureza diferenciada, os componentes de investimentos devem ser mensurados, contabilizados e reportados de acordo com a IFRS 9 – Instrumentos Financeiros.

As diretrizes IFRS 17 não trazem de forma taxativa quais tipos de risco podem, efetivamente, ser enquadrados como risco de seguros. Nesse sentido, uma possibilidade de abordagem é considerar riscos de seguros todos aqueles descritos em Solvência II como **risco de subscrição**. Entendem-se como riscos de subscrição aqueles inerentes às operações de seguro, cujas características básicas incluem eventos incertos de baixa probabilidade e alta severidade, os quais têm como estratégia mais eficiente de gerenciamento a transferência do ônus financeiro da responsabilidade da indenização para a seguradora. A rigor, diferentemente dos riscos de outras atividades econômicas, o risco de subscrição consiste na convolução (agregação) de variáveis aleatórias (frequência e severidade) que, caso materializadas, podem trazer perdas aos segurados e gerar o Passivo total das seguradoras.

Os seguros de *Property and Casualty* (P&C), comumente conhecidos como ramos elementares – por estarem sujeitos aos elementos da natureza (fogo, água, ar e terra) –, incluem os seguros empresariais e residenciais e os cascos de ativos físicos. Essa categoria também contempla os seguros de responsabilidade. De maneira geral, todos eles se referem a eventos de risco não associados a pessoas, motivo pelo qual são categorizados como *Non Life* (Não Vida) e, por padrão, são considerados seguros de prazos mais curtos, com custeio estruturado no regime de repartição simples. Assim, os processos de precificação e de subscrição possuem especificidades, e dessa categoria, podem ser destacados: risco de desenvolvimento adverso de sinistros (risco de provisão) e risco de subdimensionamento de prêmios, isto é, sinistros e despesas a ocorrer que são superiores ao montante do prêmio cobrado ao segurado (risco de precificação).

Por outro lado, os contratos de seguros de pessoas ensejam a compreensão de aspectos biométricos e outras características importantes que necessitam de algum tipo de modelagem específica. A respeito da duração contratual, os períodos de vigência costumam ser mais extensos se comparados aos seguros Não Vida. Nessa classe, especificamente

12 CONTRATOS DE SEGURO MONTI | OLIVEIRA | CARVALHO | FLORES

podem ser citados os contratos de previdência e seguros de vida com cobertura de sobrevivência (PGBL e VGBL), seguro dotal misto, seguro de vida em grupo, prestamista, benefícios de risco (pecúlio e pensão), *universal life*, habitacional (MIP), acidentes pessoais, entre outros. Todos eles estão classificados como produtos *Life* e sujeitos aos riscos de longevidade, invalidez e mortalidade.

O Quadro 2.1 traz alguns exemplos de contratos sujeitos a riscos de seguros.

QUADRO 2.1 Exemplos de contratos sujeitos a riscos de seguros

Risco de seguros	Risco financeiro
• Morte	• Taxa de juros
• Sobrevivência/longevidade	• Preços de instrumentos financeiros
• Doença	• Preços de *commodities*
• Invalidez total ou parcial	• Taxas de câmbio (FX)
• Perdas e danos à propriedade	• Inflação
• Inadimplência de um devedor sobre um evento segurado	

Como já explorado, a transferência da responsabilidade do pagamento da indenização de eventos adversos ocorridos é a estratégia de gerenciamento de risco mais adequada diante da incerteza de fenômenos futuros. A materialização dessa estratégia é o estabelecimento do contrato de seguro. Para que ele possa ser viável e permita que a seguradora aceite o compromisso, é necessário algum grau de incerteza, na data de sua celebração, quanto:

- à ocorrência efetiva de um evento segurado (e ao uso de uma medida de probabilidade);
- ao momento em que esse evento irá ocorrer; e
- ao montante efetivo que a seguradora precisará pagar caso o evento ocorra.

DICAS E CASOS PRÁTICOS

- Há discussão no mercado brasileiro acerca da mensuração dos produtos PGBL e VGBL de acordo com a IFRS 17. Essa discussão ocorre devido às características de baixa conversão em renda (por uma questão comportamental do cliente ou plano sucessório/benefício fiscal), modelo de venda com uma visão de produto de investimento e *hedge* (teórico) do risco de longevidade, com oferta de tábua BR-EMS vigente à época da aposentadoria.

- À luz da norma, considera-se risco de seguro aquele em que há alguma variável aleatória que pode implicar perda para o segurado. Nesse caso, considerando que, no momento da emissão de um certificado (data de *inception*), há uma opção

CAPÍTULO 2 | **CONTRATOS DE SEGURO – IFRS 17** 13

explícita de converter o saldo de sua provisão matemática em uma anuidade (relacionada ao risco de longevidade), pode-se entender que esses contratos estão regidos pela IFRS 17.

- É importante ressaltar, porém, que a mensuração dos contratos de previdência em fase de acumulação, em IFRS 17, deverá considerar a projeção dos resultados futuros gerados por possíveis conversões em renda. Esse componente é conhecido como *Guaranteed Annuity Option* (GAO) ou *Time Value of Future Options and Guarantees* (TVOG).

- Para cálculo do TVOG, é necessário estimar a conversão em renda. De acordo com as melhores práticas de mercado, deve-se utilizar um *Economic Scenario Generator* (ESG) para projetar possíveis cenários de juros futuros, nos quais se considera que o participante irá analisar a taxa de juros no momento de sua aposentadoria e compará-la com a taxa de juros de sua *annuity* (renda aleatória). Se o participante estiver *in the money*, ou seja, com taxa mais atrativa que o mercado, deverá ter maior propensão à conversão em renda. Caso contrário (*out of money*), não deverá converter.

- Os títulos de capitalização não estão em consonância com as características de contratos de seguros, uma vez que, nesse caso, o sinistro é previamente conhecido pela sociedade de capitalização, a qual está exposta ao risco financeiro inerente à operação, sem a existência de um risco de seguros. Assim, é esperado que o regulador brasileiro não inclua esse produto no escopo da IFRS 17, tal como o atual tratamento dado em IFRS 4, posto que sua natureza é muito mais próxima da IFRS 9 – Instrumentos Financeiros.

- As seguradoras do segmento de Danos (*Non Life*) precisarão avaliar critérios para elegibilidade de metodologia simplificada (PAA) a fim de manter os modelos de mensuração mais próximos dos atualmente aplicáveis. Por outro lado, as empresas do segmento de *Life* passarão por uma mudança mais estrutural em seu modelo de gestão, visto que essa operação está sujeita ao Modelo Geral de Mensuração.

2.1 SELEÇÃO DOS AGRUPAMENTOS EM IFRS 17 – *UNITS OF ACCOUNT* (UoA)

A carteira das companhias de seguros deve ser segregada em grupos de riscos similares (*units of account* – UoA) para reconhecimento e mensuração dos contratos de seguros. Conceitualmente, uma UoA deve refletir um conjunto de contratos que são geridos em conjunto e, normalmente, não se espera que produtos de diferentes linhas de negócio de uma companhia sejam agregados em uma mesma UoA (por exemplo, seguro de vida em grupo e anuidades).

Um agrupamento de contratos (Quadro 2.2) está sujeito a riscos similares quando a companhia tem a expectativa de que seus fluxos de caixa futuros irão responder de forma similar (em ambas as dimensões: frequência e severidade) no caso de materialização dos riscos aos quais estão expostos.

QUADRO 2.2 Exemplo de agrupamentos e definição de *units of account*

Previdência PGBL + VBGL	Seguro de vida em grupo + acidentes pessoais	Empresarial
Previdências tradicionais (FGB)	Prestamista	Saúde + Odonto

A decisão sobre quais UoA serão escolhidas para fins de IFRS 17 possui algum nível de discricionariedade. A companhia deverá avaliar as vantagens e desvantagens em determinar níveis de UoA mais granulares e buscar o alinhamento com seu modelo de gestão.

O mecanismo de segregação de contratos trazido em IFRS 17 possui um nível de esforço operacional bastante complexo. A normativa é a separação de cada contrato oneroso dentro de cada uma das UoA e a separação por safra de emissão (Figura 2.1), a qual não pode ser superior a 1 ano (*i.e.*, as safras devem ser, pelo menos, anuais).

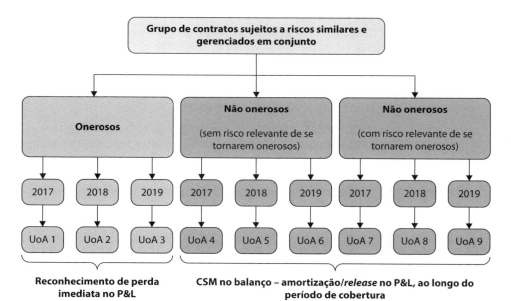

FIGURA 2.1 Mecanismo de separação de contratos em IFRS 17.

DICAS E CASOS PRÁTICOS

- A companhia possui liberdade para definir o nível de agrupamentos de contratos com riscos similares. Nesse sentido, há um *trade-off* entre o esforço operacional de se obter todos os movimentos necessários para reporte em IFRS 17 e os benefícios de possuir uma estrutura de UoA mais esparsa, com maior quantidade de UoA.

- Os contratos negociados em conjunto com os clientes (*bundling*) em ações comerciais devem ser separados e tratados como UoA distintas em IFRS 17, uma vez que são precificados e geridos de forma independente. Por exemplo, venda de planos de previdência VGBL com cobertura de risco (pecúlio ou pensão).

- Entre as vantagens em se obter uma estrutura de separação mais heterogênea, com maior quantidade de agrupamentos, há o benefício de diversificação. Ao se correlacionarem várias UoA, a companhia poderá adotar a estratégia de alocar um *Risk Adjustment* menor em seu Passivo devido ao efeito de correlação ao agregar os cálculos de cada uma das UoA na mensuração em *Entity Level*.

- Por outro lado, a constituição de um maior *Risk Adjustment* poderá gerar eficiência fiscal em função de uma eventual dedução da base de cálculo de PIS/COFINS, além da maior agilidade no processo e menor investimento em tecnologia.

2.2 DEFINIÇÃO DOS GRUPOS DE RENTABILIDADE E SEPARAÇÃO DE CONTRATOS ONEROSOS

A companhia deve separar seus contratos conforme a lucratividade, de forma a segregar e evidenciar contratos deficitários (onerosos). Essa segregação permite aos usuários das demonstrações contábeis avaliar a situação financeira das safras de produtos emitidos pela empresa. De acordo com a normativa, se um contrato é oneroso no momento do reconhecimento inicial, deve-se constituir um *Loss Component*, que consiste em um reconhecimento imediato em resultado (P&L) de uma despesa igual ao valor presente das perdas futuras a serem geradas por esse contrato. O processo de definição da onerosidade consiste em avaliar as entradas e saídas futuras do fluxo de caixa gerado por um contrato para determinar seu resultado a valor presente (Figura 2.2).

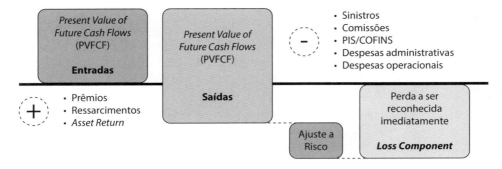

FIGURA 2.2 Ilustração da avaliação de um contrato oneroso.

Para os contratos que não são onerosos em sua data de emissão, a companhia precisa realizar a separação daqueles que possuem probabilidade significativa de se tornarem onerosos. O processo para identificar se um contrato possui risco significativo de se tornar oneroso envolve exercícios de *stress testing* com choques nas premissas atuariais e financeiras utilizadas para projeção dos fluxos de caixa futuros. Dentre essas premissas, têm-se a taxa de juros, as expectativas de cancelamento, as despesas e a sinistralidade.

A emissão de contratos em que há a expectativa de se tornarem onerosos será evidente sob a IFRS 17 devido ao requerimento de separação dos contratos em diferentes agrupamentos e demonstração das perdas oriundas de contratos emitidos em determinado período. As companhias podem possuir produtos precificados abaixo do montante necessário para recuperar suas despesas e custos de aquisição, sendo classificados como onerosos na data de reconhecimento inicial, por algumas razões:

- A entidade pode vislumbrar algum benefício de longo prazo no caso de futuras renovações das apólices. Eventualmente, o contrato poderá ser oneroso no início, mas a empresa espera obter um nível de rentabilidade apropriado no longo prazo à medida que as apólices são renovadas. Em IFRS 17, isso resulta em um reconhecimento de um contrato oneroso na sua data de emissão (*inception*), e os contratos renovados serão novas apólices, superavitárias na data de *inception*.

- A entidade pode adotar a estratégia de comercializar um pacote de contratos (*bundling*). Um contrato pode ser precificado de forma a gerar uma perda, enquanto outros contratos com o mesmo segurado ou partes relacionadas são rentáveis, de forma que a entidade obtenha lucro com a transação.

- Uma companhia pode comercializar algum produto com níveis de preço abaixo do indicado pelo modelo de *pricing* da companhia. Isso pode ocorrer por questões comerciais para assegurar posição de mercado ou obter maior *market share*.

DICAS E CASOS PRÁTICOS

- Para a definição dos contratos onerosos, deve ser realizado um teste de onerosidade. As companhias que possuem reportes internacionais podem utilizar seus modelos de projeção de MCEV. Um contrato pode ser classificado como oneroso caso seu *Value in Force* (VIF) seja negativo, ou seja, se o valor presente das despesas e dos sinistros futuros (*outflows*) for superior às entradas de caixa (*inflows*).

- As empresas brasileiras podem usar como *proxy* uma simplificação de realizar o teste de onerosidade por seu modelo de teste de adequação de passivos para avaliar os fluxos futuros estimados. Conceitualmente, se um contrato possui uma necessidade de Provisão Complementar de Cobertura (PCC), já pode ser considerado um contrato oneroso no momento da transição.

- Para sua utilização como *proxy*, o modelo de Teste de Adequação de Passivos (TAP) precisa estar estruturado para realizar a projeção ao nível de contrato, uma vez que modelos simplificados utilizados no mercado (em nível agregado de carteira) não fornecem a visão de cada apólice. É necessário também um *backtesting* para verificar a adequação das premissas previamente adotadas.

CAPÍTULO 2 | CONTRATOS DE SEGURO – IFRS 17 **17**

2.3 GESTÃO DO NEGÓCIO POR SAFRAS DE EMISSÃO

De acordo com a IFRS 17, a companhia não pode realizar o agrupamento de contratos emitidos com mais de um ano de diferença. Esse conceito de gestão por safra (ou coorte) tem o objetivo de determinar como a empresa realiza a gestão dos negócios ao longo do tempo, possibilitando aos *stakeholders* uma análise refinada da evolução dos negócios.

Uma possível maneira de dividir os contratos em safras consiste em utilizar o período que coincida com o exercício fiscal da companhia (*e.g.*, contratos emitidos entre 1º de janeiro e 31 de dezembro). A normativa, porém, não requer nenhuma abordagem particular, de modo que as companhias também possuem a liberdade de gerenciar safras com periodicidades mensais, trimestrais e semestrais.

A segregação por safras traz às companhias de seguro uma grande complexidade, uma vez que os contratos deverão ser avaliados pelos modelos atuariais de projeções de fluxos de caixa e, adicionalmente, dispostos em períodos definidos (no mínimo, anuais). Dessa forma, as empresas devem dispor de estruturas de dados e sistemas que comportem um elevado fluxo de informações, haja vista a maior granularidade existente na IFRS 17.

DICAS E CASOS PRÁTICOS

- A empresa deve avaliar as vantagens e desvantagens de se utilizar um agrupamento de safras mais granular (*e.g.*, mensal). Os movimentos que serão necessários para a IFRS 17 devem ser replicados conforme a granularidade escolhida, de modo que uma excessiva quantidade de coortes pode gerar necessidade de altos investimentos para operacionalização dos movimentos contábeis, construção de *data lakes* (sistemas de dados brutos) e aquisição de servidores de dados para armazenamento e controle de informações ocorridas (*actuals*) e projetadas.

- Há, ainda, a estratégia de menor reconhecimento de *Loss Component* ao se adotar uma abertura menos granular, por exemplo, se dentro de uma mesma *unit of account* há produtos onerosos e não onerosos, a companhia poderá compensar o déficit estimado dos produtos onerosos com o superávit dos produtos não onerosos, por meio do dispositivo chamado *mutualisation*. No entanto, isso só será possível se os contratos estiverem sob a mesma UoA e pertencerem à mesma safra de emissão.

- Assim, se a empresa executa os reportes com safras mensais (por exemplo), e os produtos a serem compensados são emitidos em meses diferentes, porém dentro de um mesmo ano, a companhia pode deixar de obter um benefício de utilizar o *mutualisation* e evitar que seja lançado um *Loss Component* imediato em resultado ao não tratar os contratos dentro de uma mesma coorte.

- O requisito de demonstração dos resultados por safras é um dos impactos mais significativos de IFRS 17. Algumas informações sobre a operação passam a ficar mais evidentes, tais como evolução das margens e *combined ratio* (indicadores de desempenho), níveis de preço praticados, evolução da sinistralidade, entre outros aspectos.

2.4 MUDANÇAS NA AVALIAÇÃO DOS CONTRATOS EM IFRS 17

Após a implementação da IFRS 4, notou-se a necessidade de algumas melhorias, as quais são trazidas na normativa de IFRS 17 para o refinamento da avaliação dos contratos de seguros. Novos conceitos são introduzidos pela norma, e a avaliação dos Passivos passa a ter uma abordagem econômica, conforme demonstra a Figura 2.3.

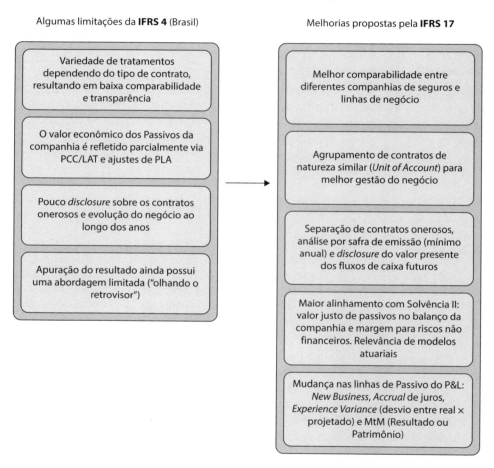

FIGURA 2.3 Principais mudanças introduzidas pela IFRS 17.

Atualmente, não há no mercado brasileiro a contabilização dos lucros futuros no resultado da companhia, visto que somente há o reconhecimento da PCC, que é uma *proxy* para o saldo do componente de perda de IFRS 17. Dessa forma, a introdução da variável *Margem de Serviço Contratual* (CSM) permitirá aos usuários das demonstrações contábeis ter uma visão mais realista dos negócios, podendo reconhecer o potencial de lucro gerado pela companhia de seguros, cujo reconhecimento se dará ao longo da vigência dos contratos.

Para a projeção dos fluxos de caixa futuros, a definição das premissas atuariais e financeiras (cancelamentos, mortalidade, despesas, rentabilidade, entre outros) exerce forte influência sobre os resultados. Nesse sentido, a IFRS 17 traz o componente de *experience variance*, que consiste no ajuste das estimativas de *cash flows* pelos fluxos de caixa efetivamente ocorridos no período, como uma espécie de *backtesting*.

Adicionalmente, a IFRS 17 traz a separação da receita financeira sobre os Passivos e a elegibilidade de lançar a variação a valor de mercado em P&L ou *Other Comprehensive Income* (OCI – o Efeito em Patrimônio Líquido). Observe a Figura 2.4.

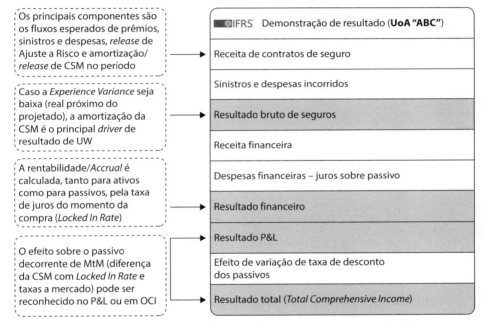

FIGURA 2.4 Demonstração de resultado e novos conceitos de IFRS 17.

Os novos conceitos introduzidos em IFRS 17 demandam um forte plano de ação para que as empresas estejam preparadas para sua implementação. Entre os impactos esperados, estão:

- necessidade de investimentos em *softwares* atuariais, automatização de rotinas e infraestrutura de tecnologia;
- desenvolvimento de interface entre todos os sistemas operacionais (*feeder systems*), modelos atuariais e sistemas contábeis para realização de todos os movimentos necessários;
- alteração de conceito na apuração de resultado, com impactos sobre o nível pagamento de dividendos, alocação de capital e estratégia de investimentos.

Tais etapas se encontram representadas na Figura 2.5.

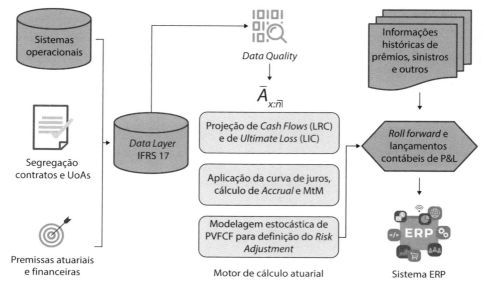

FIGURA 2.5 Arquitetura de sistemas e processos em IFRS 17.

DICAS E CASOS PRÁTICOS

- Atualmente, as empresas que possuem uma PCC constituída reconhecem a variação a valor de mercado dessa provisão (*Mark to Market* – MtM) diretamente em resultado, na conta de Variação de Provisões Técnicas. Em IFRS 17, é criada a separação da variação da taxa de juros sobre os passivos, o qual passa a ser lançado na conta de resultados financeiros. Há duas consequências práticas para as companhias: (i) passa a não existir mais a assimetria fiscal entre o MtM dos ativos financeiros e a variação de juros sobre as provisões, uma vez que ambos os componentes deixam de ser dedutíveis da base de cálculo de PIS/COFINS; e (ii) há uma possível ineficiência fiscal no caso de redução nos níveis de taxa e aumento do Passivo, visto que seu montante não será mais deduzido da base de cálculo.

- A IFRS 17 traz a opção de reconhecer a variação a mercado dos Passivos (MtM) em seu resultado (P&L) ou como OCI. Caso a empresa opte por uma estratégia de reduzir a volatilidade em seu resultado, é importante que a carteira de Ativos seja classificada como *Available For Sale* (AFS) e a carteira de Passivos seja tratada como OCI, de forma que todo efeito líquido de Ativos e Passivos devido a oscilações a valor de mercado afete diretamente seu *equity*, e não seu resultado.

- Um ponto de extrema importância é que a companhia deve alinhar a escolha OCI × P&L baseada na marcação dos seus Ativos. Ou seja, caso os Ativos sejam tratados como *Fair Value* (FV) com variação a mercado em resultado, uma escolha de Passivo em OCI poderá trazer uma forte exposição do P&L da companhia ao risco de mercado, uma vez que um cenário de abertura de curva de juros poderá deteriorar o valor de mercado de seus Ativos sem a respectiva contrapartida dos Passivos em resultado.

- Com a comparação entre real e projetado no P&L (*Experience Variance*), a companhia deve reforçar seu processo de calibragem e governança para definir premissas. Caso haja um desvio significativo entre a projeção e a realidade (*e.g.*, premissa de sinistralidade excessivamente conservadora ou muito abaixo da experiência), a premissa deve ser revisada para maior fidedignidade dos resultados divulgados. Dessa forma, as empresas passam a demonstrar em seu resultado se suas premissas realmente são avaliadas em uma visão *Best Estimate*.

- A norma traz também o conceito de *Locked-In Rate* (LIR), que se refere à taxa de juros à época da subscrição de um contrato. Dessa forma, calcula-se uma despesa financeira sobre o passivo com base na LIR, que corresponde ao efeito de *accrual* sobre os Passivos, tal como ocorre com os Ativos financeiros. Esse efeito é refletido em P&L e separado do efeito de MtM (diferença da LIR e taxa de mercado) sobre os Passivos, que pode ser reconhecido em P&L ou OCI.

- Um exemplo: o Passivo de um contrato emitido em 2015, que possui lastro em uma carteira de Tesouro IPCA comprada à época por Índice de Preços ao Consumidor Amplo (IPCA) + 8%, será atualizado pela LIR (8%) mensalmente em P&L como despesa financeira (*accrual*). Separadamente, será calculado seu MtM pela taxa de mercado na data-base (por exemplo, em 2020, a taxa de mercado é IPCA + 4%). O racional é igual ao já praticado na gestão dos Ativos e deverá trazer uma visão sobre a gestão do ALM da companhia na Demonstração de Resultados.

2.5   VISÃO GERAL DO MODELO DE MENSURAÇÃO

Na abordagem padrão de IFRS 17, denominada **Modelo Geral de Mensuração** (Figura 2.6), os contratos são reconhecidos pelo Valor Presente dos Fluxos de Caixa Futuros (*Present Value of Future Cash Flows* – PVFCF). O componente PVFCF representa a melhor estimativa central, isto é, o resultado esperado para um contrato, dada a realização de seus fluxos de caixa de entradas e saídas.

As Estimativas dos Fluxos Futuros (PVFCF) devem ser avaliadas a valor justo, de acordo com uma taxa de desconto que reflita os preços observáveis dos instrumentos financeiros negociados no mercado e que compõem a carteira de Ativos da companhia. A aplicação da taxa de desconto permite que as estimativas considerem o valor do dinheiro ao longo do tempo e o risco financeiro associado.

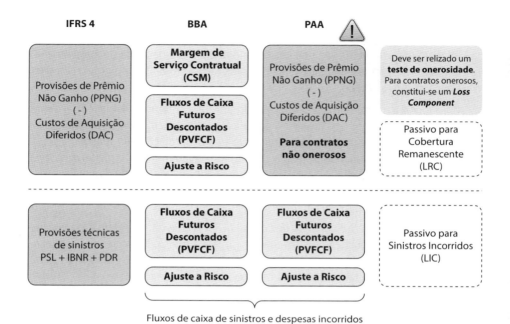

FIGURA 2.6 A nova mensuração dos Passivos no modelo da IFRS 17.

A projeção dos fluxos de caixa divide-se em dois *buckets* de análise:

- **Liability for Remaining Coverage (LRC)**: projeção da parcela de sinistros a ocorrer, ou seja, são projetados os fluxos de caixa de *inflows* e *outflows* futuros, em que os eventos segurados ainda não ocorreram. Trata-se da projeção realista futura das Provisões de Prêmios (PPNG).

- **Liability for Incurred Claims (LRC)**: projeção da parcela de sinistros já ocorridos, ou seja, são projetados os fluxos de caixa de sinistros e despesas, em que os eventos segurados já ocorreram. Trata-se da projeção realista das Provisões de Sinistros (PSL, IBNR e PDR).

A inclusão de um Ajuste ao Risco não financeiro (*Risk Adjustment*) trouxe maior alinhamento com as práticas de Solvência II, no qual há a figura de um *Risk Margin*. Vale ressaltar que, em IFRS 17, a constituição do *Risk Adjustment* tem a finalidade de alocar uma estimativa de desvio em relação aos Fluxos de Caixa esperados (PVFCF), de modo que os riscos não associados diretamente ao contrato não devem estar incluídos, tais como risco operacional, risco de crédito e risco de mercado (Figura 2.7).

Riscos	Solvência II (*Risk Margin*)	IFRS 17 (*Risk Adjustment*)
Subscrição	✓	✓
Operacional	✓	✗
Crédito	✓	✗
Mercado	✗	✗

FIGURA 2.7 Riscos incluídos na modelagem de *Risk Adjustment*.

O lucro futuro estimado pela projeção dos fluxos de caixa futuros é contabilizado por meio de uma variável denominada Margem de Serviço Contratual (*Contractual Service Margin* – CSM), que consiste em um lucro a ser realizado ao longo da vigência do contrato de seguro. Caso a projeção dos fluxos de caixa futuros de um contrato resulte em um déficit, tal contrato é separado (contrato oneroso), e um componente de perda (*Loss Component*) é reconhecido imediatamente no P&L da companhia.

Em alguns casos, o Modelo Geral de Mensuração pode ser substituído por uma abordagem simplificada, denominada *Premium Allocation Approach* (PAA). Em linhas gerais, o Passivo para cobertura remanescente (LRC) é definido como o montante de prêmios em ganhos líquidos dos custos de aquisição diferidos (DAC), considerando que o reconhecimento *pro rata temporis* do prêmio emitido para um contrato (apropriação de PPNG via Prêmios Ganhos) segue padrão similar ao resultado gerado pelo modelo *Building Block Approach* (BBA).

As condições para elegibilidade de um contrato ao método PAA são:

- o período de cobertura do contrato (*boundary*) deve ser menor ou igual a 1 ano;
- a companhia entende que o método PAA produz resultados que não diferem materialmente daqueles obtidos pelo modelo geral de mensuração.

QUADRO 2.3 Modelo Geral de Mensuração × Método PAA

Building Block Approach (BBA)	*Premium Allocation Approach* (PAA)
• Modelo *standard* de IFRS 17 • Os contratos de seguro são avaliados por meio da projeção de fluxos de caixa futuros, os quais dependem de premissas atuariais e financeiras • Os fluxos de caixa futuros são mensurados a valor presente por uma taxa de desconto (considerando um *illiquidity premium*) • Adiciona-se uma margem para riscos não financeiros	• Abordagem simplificada, parecida com a atual abordagem de IFRS 4 (para a parcela de *remaining coverage*) • Para a parcela de sinistros ocorridos, estimam-se os fluxos futuros de caixa de sinistros e despesas, desconto e Ajuste a Risco (desenvolvimento adverso de sinistros) • Condições para elegibilidade de um produto: Possuir *duration* (*boundary*) menor ou igual a 1 ano ou provar que o resultado obtido por PAA é uma boa *proxy* do resultado por BBA

O Modelo Geral de Mensuração considera que a projeção dos fluxos de caixa futuros deve ser realizada dentro do período compreendido pelo *boundary* dos contratos. Os *cash flows* estão dentro do *boundary* se eles derivam de direitos e obrigações existentes no período de reporte durante o qual a seguradora pode exigir o pagamento de prêmio ao segurado, ao passo que a companhia de seguros possui a obrigação de prover serviços ao segurado.

Uma obrigação de prover serviço termina quando a entidade tem a prerrogativa de reavaliar os riscos de um contrato e, consequentemente, de reajustar seu preço e adequá-lo ao nível de exposição ao risco. A obrigação de prestação de serviço continua quando a renovação do contrato é automática e depende somente da vontade do segurado.

- Seguro de automóvel possui *boundary* de 1 ano, visto que não há renovação de forma automática, ensejando o *repricing* dos riscos.

- Seguro de vida em grupo com vigência de 3 anos e reajuste anual de preço por idade (reenquadramento etário): possui o *boundary* de 3 anos, visto que há reavaliação dos riscos anualmente, mas a renovação depende exclusivamente do segurado. Caso a renovação dependa da vontade da seguradora (tal como no seguro auto), o *boundary* seria de 1 ano apenas.

- Seguro prestamista ou habitacional: possui o *boundary* igual ao prazo de financiamento (*e.g.*, 5 anos, dez anos etc.) do objeto de seguro, visto que possui prêmios nivelados, reajustados periodicamente por algum índice de inflação.

DICAS E CASOS PRÁTICOS

- A companhia deverá projetar seus fluxos de caixas utilizando as premissas em uma visão *Best Estimate,* ou seja, centradas na média. No entanto, a utilização de *stress testings* e análises de sensibilidades é uma importante ferramenta de gestão para identificar como o PVFCF se comporta em cenários adversos e, até mesmo, avaliar se algum contrato pode se tornar oneroso em situações de estresse.

- As carteiras do segmento de Danos (*Non Life*) deverão possuir mais facilidade para serem elegíveis ao modelo PAA, uma vez que essas operações normalmente possuem o *boundary* igual a 1 ano e vigência anual com possibilidade de reajuste de preço em caso de renovação. As carteiras de *Life* que possuírem um *boundary* maior (*e.g.*, dotal misto, previdência, entre outros) devem demonstrar que o método PAA é uma boa *proxy* para o cálculo pelo Modelo Geral de Mensuração, o que pode demandar um esforço maior.

- O fato de um portfólio ser avaliado pelo modelo PAA reduz o trabalho operacional na parcela de cobertura remanescente (LRC) ao dispensar a projeção de fluxos (PVFCF), o Ajuste ao Risco e o desconto financeiro. Entretanto, a parcela de sinistros ocorridos (LIR) não é dispensada da projeção dos componentes do *Building*

CAPÍTULO 2 | **CONTRATOS DE SEGURO – IFRS 17** **25**

Block Approach. A exceção para esse requisito se dá caso a companhia demonstre que o tempo entre a ocorrência e o pagamento dos sinistros (*claims settlement period*) é inferior a 1 ano, o que pode demandar a separação de sinistros judiciais e administrativos, com desenvolvimentos distintos.

QUESTÕES

1. Todos os contratos de seguros devem ser abarcados pela IFRS 17 ou há alguma exceção de acordo com as disposições dessa norma?

   a) Todos os contratos de seguros devem fazer parte do escopo da IFRS 17.

   b) Há exceções, como, por exemplo, os contratos de prestação de serviços por taxa fixa.

   c) A entidade poderá escolher se aplicará ou não o IFRS 17 para contratos de seguros.

   d) Nenhuma das alternativas.

2. Supondo-se um arranjo contratual de um produto que envolva um componente de seguros e um instrumento financeiro, como deverá ser realizada essa contabilização?

   a) Segregando-se ambos os componentes, porque um será contabilizado de acordo com a IFRS 17, e o outro, seguindo a IFRS 9.

   b) Ambos os componentes deverão ser tratados igualmente pela IFRS 17.

   c) Ambos os componentes deverão ser tratados igualmente pela IFRS 9.

   d) Em situações como essa, deverá ser aplicada a IFRS 15.

3. Quais são exemplos de riscos de seguros?

   a) Morte, longevidade, perdas e invalidez.

   b) Morte, longevidade, perdas e juros.

   c) Câmbio, longevidade, perdas e invalidez.

   d) Inflação, longevidade, perdas e juros.

4. Segregar carteiras de seguros em grupos de riscos similares é uma prática vista sob qual fundamento atuarial?

   a) Justiça atuarial.

   b) Transferência de riscos.

   c) Mutualismo.

   d) Competência.

5. Por que o conceito de *Unit of Account* (UoA) é relevante do ponto de vista da relevância da informação contábil?

   a) Porque o UoA tem o condão de permitir que os usuários externos compreendam quais são os principais segmentos que contribuem para geração e consumo de caixa das empresas emissoras de contratos de seguros.

b) Porque o UoA permitirá que a Receita Federal tribute os diferentes segmentos de acordo com regras específicas para cada linha securitária.

c) Porque o UoA possibilitará que os atuários tarifem melhor os diferentes segmentos de atuação de uma entidade emissora de contratos de seguros.

d) Nenhuma das alternativas.

6. Quando um contrato é de natureza onerosa, qual será a implicação contábil imediata dele?

a) O registro de uma receita em virtude da sua emissão.

b) O reconhecimento de um ativo por causa da sua subscrição.

c) O reconhecimento de uma despesa em consequência das perdas esperadas.

d) O registro de um aumento em virtude de outros resultados abrangentes no patrimônio líquido.

7. A definição de um contrato oneroso será realizada mediante:

a) Avaliação do fluxo de caixa descontado do contrato.

b) Avaliação do valor justo do contrato.

c) Avaliação do valor justo das entradas do contrato, subtraídas as despesas a custo histórico.

d) Avaliação do valor justo das despesas do contrato, subtraídas as receitas mensuradas pelo custo histórico.

8. Do ponto de vista de safras, qual é o prazo máximo para agregação de contratos?

a) 1 ano.

b) Não existe prazo máximo.

c) 2 anos.

d) Mensal.

9. São exemplos das limitações da IFRS 4:

a) Variedade de tratamento e baixo *disclosure*.

b) Variedade de tratamento e separação dos contratos onerosos.

c) Baixo *disclosure* e agrupamento por verossimilhança contratual.

d) Melhor comparabilidade e baixo *disclosure*.

CAPÍTULO
3

MODELO GERAL DE MENSURAÇÃO – PASSIVO PARA COBERTURA REMANESCENTE

CAPÍTULO 3 | MODELO GERAL DE MENSURAÇÃO – PASSIVO PARA COBERTURA REMANESCENTE **29**

Os contratos que não se encontram dentro dos critérios de elegibilidade para mensuração pelo modelo simplificado (PAA) devem ser medidos pelo Modelo Geral de Mensuração. A estimativa dos fluxos futuros deve ser calculada pelo método de *Building Block Approach* (BBA), que consiste no modelo *default* para todos os contratos de seguros, baseado nos Passivos *Best Estimate* e com um lucro futuro diferido, denominado Margem de Serviço Contratual (CSM).

Na Figura 3.1, é possível observar os principais componentes a serem estimados em IFRS 17.

Passivos - IFRS 17

Valor Presente dos Fluxos de Caixa Futuros (PVFCF)

Fluxos de caixa
Prêmios, sinistros, despesas...

Desconto financeiro
Fluxos futuros a valor presente

Ajuste a Risco
Margem de risco relativa a oscilações de passivo (risco não financeiro)

Margem de Serviço Contratual (CSM)
Lucro futuro estimado a ser realizado ao longo da vigência do contrato

- Os passivos passam a ser reconhecidos integralmente a valor de mercado
- *Best Estimate Cash Flows* – estimativa futura de entradas e saídas de caixa, sem viés (*unbiased*) e *probability weighted*
- As incertezas inerentes aos *Cash Flows* futuros são modeladas e contabilizadas por meio do Ajuste a Risco
- A Margem de Serviço Contratual (CSM) fornece uma visão prospectiva do negócio, dando a perspectiva sobre o resultado futuro da empresa
- Reconhecimento (*release* da CSM) ao longo do período de cobertura do contrato
- No caso de contratos onerosos, a perda é reconhecida imediatamente no P&L, por meio de um *Loss Component*

FIGURA 3.1 Principais componentes do *Building Block Approach*.

Em IFRS 17, há uma gama de movimentos contábeis a serem gerados a partir dos componentes do BBA, de modo que o simples cálculo do saldo de cada um dos *Building Blocks* em determinada data-base é apenas o primeiro passo para cumprimento dos requisitos da norma. As companhias deverão realizar um exercício de *roll foward* sobre cada um dos componentes, isto é, a reconciliação entre os saldos inicial e final com a discriminação de cada um dos movimentos em seu P&L ou OCI.

O primeiro elemento do modelo BBA é a projeção do componente PVFCF, o qual é estimado dentro do período compreendido pelo *boundary* do contrato e deve refletir a perspectiva da entidade sobre os *inflows* e *outflows* futuros dos contratos a valor presente por intermédio de uma taxa de desconto.

Após a modelagem financeira e projeção dos fluxos de caixa, os sistemas atuariais devem ser capazes de gerar o *roll foward* descrito na Figura 3.2.

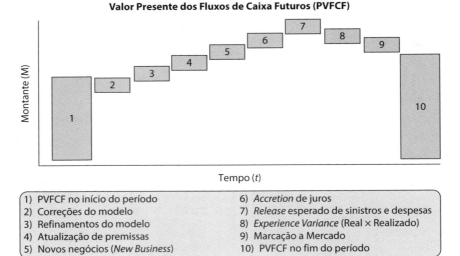

FIGURA 3.2 Reconciliação dos movimentos de PVFCF.

Cada um dos movimentos apresentados deverá originar um lançamento contábil em IFRS 17, o que deverá implicar uma maior complexidade no processo de operacionalização dos cálculos e a integração entre *feeder systems*, sistemas atuariais e sistemas contábeis. A seguir, são apresentados cada um dos movimentos necessários ao *roll forward*:

1. **PVFCF no início do período**: parte-se do saldo de PVFCF de fechamento da data-base imediatamente anterior, ou seja, a projeção financeira das entradas e saídas futuras, a valor presente, referente aos contratos vigentes (*in force*) no período anterior e com as premissas atuariais e financeiras anteriores. Conceitualmente, esse valor deve refletir exatamente o saldo PVFCF calculado ao fim da data-base precedente.

2. **Correções de modelo**: caso seja identificada a necessidade de alguma correção na metodologia (*e.g.*, aplicação incorreta de juros) utilizada para a projeção dos fluxos de caixa, realiza-se uma correção ou um *restatement*, reprocessando o resultado do fechamento anterior considerando a alteração do modelo. Em outras palavras, isso representa o que seria "o valor de partida" do PVFCF, considerando as devidas correções.

3. **Refinamento dos modelos**: similar ao item anterior, com a diferença de que, nesse caso, trata-se de uma melhoria no método de cálculo (*e.g.*, aplicação de múltiplos decrementos para estimação conjunta de cancelamento e mortalidade) em vez de uma inconsistência.

4. **Atualização de premissas**: a mudança no montante de PVFCF pela atualização de alguma premissa atuarial (*e.g.*, resgate, conversão em renda, cancelamentos, mortalidade) deve ser refletida nesta movimentação, de modo que seja quantificada a possível mudança futura nos *cash flows* em virtude de alteração das premissas.

Idealmente, caso haja mudança em mais de uma premissa, deve-se segregar o efeito de cada uma delas sobre o PVFCF.

5. **Novos negócios**: cada novo contrato emitido pela companhia deve possuir um *flag*, de forma que seja possível segregar as novas vendas dos contratos já vigentes na base de dados dos contratos a serem estimados. Nesta rubrica, deve ser computado o ingresso de PVFCF oriundo dos novos contratos subscritos. Em termos práticos, parte-se do saldo descrito na etapa 4 e atualiza-se com o saldo de PVFCF calculado para os *new businesses*.

6. *Accretion* **de juros**: despesa financeira lançada em resultado referente à atualização do Passivo (PVFCF) pela Taxa de Juros, isto é, trata-se da capitalização financeira do Passivo ao longo do período de acordo com a *Locked In Rate* (LIR). A LIR é igual à taxa de desconto vigente à época de emissão do contrato. Ou seja, caso o contrato tenha sido subscrito em um momento em que a taxa de juros real era mais elevada (10% a.a., por exemplo), a capitalização se dará com base nesse percentual, independentemente da taxa de mercado vigente na data-base.

7. *Release* **esperado de sinistros e despesas**: como o fluxo de caixa é projetado em uma visão de *run-off*, passando-se "n" meses desde as datas de avaliação, há amortização de uma parcela de PVFCF, equivalente ao montante de sinistros e despesas projetados.

8. *Experience Variance*: variável de suma importância para a verificação da qualidade da projeção dos *cash flows*. Indica a diferença entre projetado e realizado (*actuals*), de modo que a *Experience Variance* tende a ser menor à medida que o modelo possui melhor capacidade de previsão. Em termos práticos, calcula-se o *release* de PVFCF (estimativa de pagamentos de fluxo de caixa) e compara-se com os fluxos reais observados no mesmo período (*e.g.*, sinistros e despesas efetivamente pagos que constam nos sistemas operacionais), sendo a diferença denominada *Experience Variance*.

9. **Marcação a Mercado**: impacto sobre o PVFCF em decorrência da atualização da taxa de desconto vigente na data-base, ou seja, o efeito de Marcação a Mercado (MtM) sobre os Passivos. Por exemplo, caso haja uma abertura da curva de juros utilizada para desconto dos fluxos, o efeito é uma redução no saldo de PVFCF, cuja intensidade dependerá da sensibilidade do Passivo à variação nas taxas de juros (*duration* e convexidade). Esse efeito pode ser lançado em resultado ou OCI, a depender da estratégia de alocação dos Ativos da companhia.

10. **Saldo de PVFCF ao fim do período**: saldo estimado após a discriminação de todas as movimentações. Conceitualmente, a soma de todos os itens anteriores forma o saldo final de PVFCF a ser contabilizado no Passivo da companhia.

Além da segregação dos movimentos sobre o PVFCF, a companhia deve demonstrar todas as aberturas descritas em 1-10 (Figura 3.3) também para os demais *Building Blocks* que compõem seu Passivo, ou seja, *Risk Adjustment* e Margem de Serviço Contratual (ou *Loss Component* – LC, para contratos onerosos).

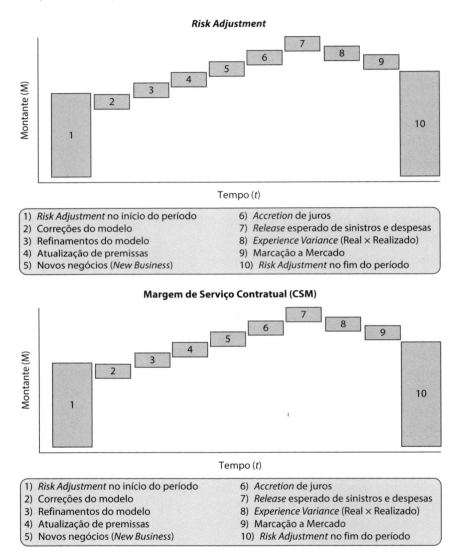

FIGURA 3.3 Reconciliação dos movimentos de *Risk Adjustment* e da CSM.

Vale ressaltar que os movimentos dos demais componentes caminham de forma similar ao PVFCF, visto que, conceitualmente, essas variáveis derivam da projeção dos fluxos de caixa. A seguir, são apresentados alguns exemplos:

- Uma nova venda gera um PVFCF, assim como produz um *Risk Adjustment* para a cobertura de desvios em PVFCF e uma CSM referente aos lucros futuros a apropriar.

- A variação a mercado (MtM) dos fluxos de caixa devido a mudanças nas taxas de juros também impactará o *Risk Adjustment* e a CSM dos contratos.

- Assim como há o *release* de PVFCF com o passar do tempo (devido à realização dos fluxos), o mesmo ocorre com os demais *Building Blocks*.

Dentre os movimentos descritos anteriormente, a companhia possui a faculdade de lançar o efeito de MtM sobre os Passivos em P&L ou OCI (*equity*). A primeira opção deve ser escolhida caso a empresa faça a marcação de seus Ativos subjacentes como *Fair Value*, a fim de evitar o *mismatching* entre Ativos e Passivos no resultado da companhia.

Todos os demais movimentos devem ser lançados em P&L, observando-se que o *Accretion* de Juros pela LIR e o MtM de Passivos (caso não seja alocado em OCI) serão computados na linha de Resultado Financeiro, enquanto os demais lançamentos irão compor o Resultado de Seguros, conforme demonstrado na Figura 3.4.

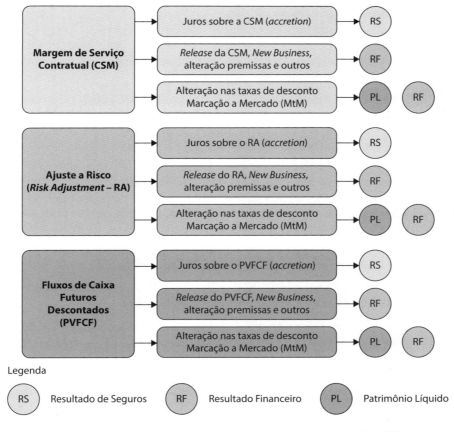

FIGURA 3.4 *Framework* dos lançamentos de *roll forward* em P&L e OCI.

Dentre as mudanças mais relevantes trazidas pela IFRS 17 às companhias de seguro, destaca-se a separação entre o resultado de seguros e o resultado financeiro do Passivo. Ademais, passa a existir o controle de todos os movimentos, de forma que a companhia deverá dispor de uma estrutura tecnológica capaz de armazenar todos os dados e cálculos para reporte.

ESTUDO DE CASO

O Grupo Segurador Monti S.A. possui duas companhas de seguros em sua estrutura societária, uma empresa que opera no segmento de Vida (Monti Vida e Previdência) e uma companhia de P&C (Monti Seguros S.A). A empresa de *Life* possui um modelo de gestão sobre três linhas de negócios: Previdência, Seguro de Vida e Acidentes Pessoais.

O Grupo irá preparar o reporte em IFRS 17 da empresa que opera no segmento de P&C para a carteira de Seguro de Vida, referente à data-base de 30 de setembro do ano XX. Esses seguros possuem a característica de serem trienais e apresentam reajuste por faixa etária, cuja aplicação é detalhada nas condições gerais do contrato de seguro, devidamente aceita pelo segurado.

A seguir, são destacadas as principais informações e fatos relevantes sobre a companhia:

- O segmento de Seguro de Vida não possui contratos onerosos, de modo que todos os contratos vigentes são superavitários.

- Entre o último reporte, de 30/06/XX, e a data-base de 30/09/XX, a companhia identificou um problema na aplicação das taxas de mortalidade de cálculo de PVFCF e precisou realizar um ajuste que ocasionou um aumento de 1% sobre o valor contabilizado anteriormente.

- A companhia reportou em seu Comitê Executivo Atuarial uma alteração em sua premissa de persistência, pois observou que os níveis de cancelamentos de contratos reduziram-se, devido a ações comerciais junto ao *call center*, realizando ações massivas de retenção de clientes. O impacto observado é um aumento de 10% no volume de fluxos projetados.

- A taxa de juros *Locked In* para a safra de contratos emitidos no ano XX é igual a 10%, ou seja, a taxa média de compra dos Ativos nesse ano é igual a 10% a.a.

- Foi subscrito no período um total de 1.000 contratos, representando um Prêmio Emitido Líquido de R$ 10.000 e um PVFCF de R$ 5.000.

- A projeção dos fluxos de caixa (PVFCF) realizada em 30/06/XX apontava para um *release* estimado de PVFCF igual a R$ 10.000; no entanto, os fluxos de caixa efetivamente ocorridos no período (sinistros, despesas, comissões etc.) somaram R$ 10.500.

- A empresa possui uma carteira de Ativos Garantidores com títulos "Tesouro IPCA" registrados como *Available for Sale*, ou seja, com efeito de marcação a mercado sobre seu *equity*. Os preços de mercado dos Ativos (taxas de compra) no período cresceram em torno de 80 bps, ou seja, a taxa de desconto dos fluxos de caixa sofreu um aumento de 0,8% no período de análise.

Primeiramente, cabe destacar a estrutura de gestão do Grupo Segurador e suas principais linhas de negócio (Figura 3.5). A definição dos portfólios e das UoA seguiu o modelo de gestão da companhia, agrupamento de contratos sujeitos a riscos similares e gerenciados em conjunto. A UoA analisada nesse exercício, portanto, é "Seguros de Vida | Não Onerosos | Ano XX" pertencente ao portfólio de "Seguros de Vida" da empresa de *Life* Monti Seguros S.A.

Ademais, vale destacar que esse produto dispõe de uma modelo de mensuração do tipo BBA. Isso ocorre porque tais contratos possuem um *boundary* desse produto igual a 3 anos (superior a 1 ano para elegibilidade ao PAA), por possuírem vigência de 3 anos (trienal), mesmo que haja uma cláusula de reajuste de preço ao cliente devido ao incremento do risco de mortalidade (reajuste por faixa etária).

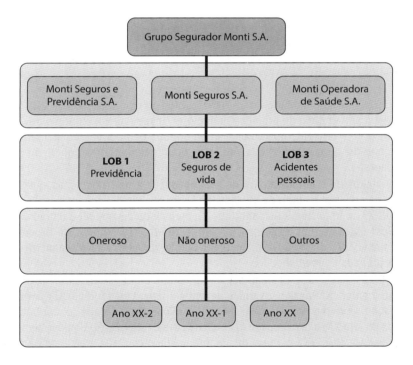

FIGURA 3.5 Estrutura das UoA do Grupo Segurador Monti S.A.

No Quadro 3.1, é possível observar todos os movimentos ocorridos nos componentes PVFCF, CSM e *Risk Adjustment* ao longo do período, os quais devem refletir no resultado da companhia.

QUADRO 3.1 *Rollforward* dos movimentos de Passivo

(=) PVFCF em 30/06/XX	100.000	(=) PVFCF em 30/06/XX	100.000
(+/−−) Correção do modelo	−1.000	(+/−) Correção do modelo	−50
(+/−−) Alteração de premissas	10.000	(+/−) Alteração de premissas	500
(+) *Accretion* de juros	2.628	(+) *Accretion* de juros	131
(=) PVFCF | Vigentes 30/06/XX	111.628	(=) PVFCF | Vigentes 30/06/XX	5.581
(+) *New business*	5.000	(+) *New business*	250
(−) *Release* esperado	10.000	(−) *Release* esperado	500
(+/−) *Experience Variance*	500	(+/−) *Experience Variance*	25
(+/−) Marcação a mercado	−10,170	(+/−) Marcação a mercado	−509
(=) PVFCF em 30/09/XX	116.958	(=) PVFCF em 30/09/XX	5.848

A empresa havia percebido um erro metodológico na aplicação das taxas de mortalidade em seu modelo de projeção financeira. Nesse caso, a empresa deve realizar um *restatement*, ou seja, reposicionar cada um dos componentes calculados na data-base anterior, atualizando seus saldos de acordo com a alteração de metodologia implementada.

Adicionalmente, a empresa realizou a atualização de suas premissas, devendo, nesse caso, demonstrar o efeito da atualização sobre o saldo de fechamento da data-base de 30/06/XX. É importante ressaltar que as premissas devem ser calibradas em uma visão *Best Estimate*, em consonância com a governança corporativa da companhia, baseada em dados observáveis no mercado ou na experiência da companhia e alinhada às boas práticas de mercado.

Na IFRS 17, passa-se a calcular separadamente o efeito do *Accretion* de juros sobre os componentes do Passivo, os quais devem ser lançados em resultado, assim como a marcação na curva dos Ativos subjacentes. Considerando que os contratos foram emitidos no ano XX, a taxa *Locked In* utilizada para capitalização dos componentes entre 30/06/XX e 30/09/XX é a taxa de compra média observada no ano de XX (conceito *Year to Date* − YtD).

O controle das vendas novas é feito separadamente. Assim, os valores de PVFCF, CSM e RA dos novos negócios são avaliados de forma segregada e agregados ao saldo dos contratos vigentes (*in force*). O *release* dos fluxos de caixa, por sua vez, refere-se à liberação dos fluxos de caixa futuros devido à realização dos contratos (em uma visão de *run-off*), em virtude de gastos com sinistros, pagamentos, despesas, entre outros (Figura 3.6).

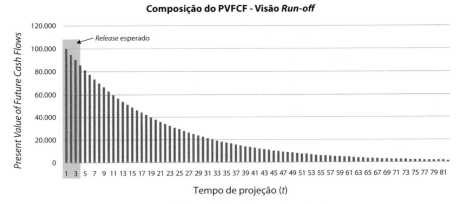

FIGURA 3.6 Realização dos fluxos de caixa futuros.

Observando-se o fluxo de caixa projetado na data-base de 30/06/XX, é possível observar o que se esperava de realização dos fluxos de caixa. Na reconciliação reportada na data-base de 30/09/XX, é possível obter a *Experience Variance*, ou seja, a diferença entre o que se esperava de *release* e o que realmente se materializou (Figura 3.7). Esse lançamento reflete um bom poder preditivo do modelo, de modo que o *release* foi razoavelmente próximo dos valores observados.

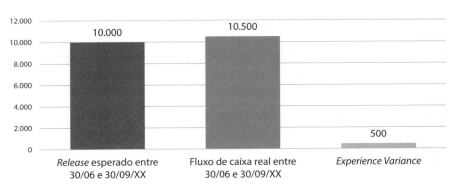

FIGURA 3.7 Avaliação da *Experience Variance*.

O efeito de Marcação a Mercado (MtM) sobre os Passivos, por sua vez, é calculado por meio da variação das taxas de mercado no período entre 30/06/XX e 30/09/XX. Como a taxa de mercado sofreu um aumento no período de 80 bps, os fluxos de caixa futuros são impactados com uma valorização, de forma proporcional à sua *duration*. Nesse caso, a companhia deve optar por lançar essa variação em OCI, uma vez que os Ativos Garantidores se encontram registrados como *Available For Sale* (AFS).

DICAS E CASOS PRÁTICOS

- O mercado discute amplamente os impactos da IFRS 17, em virtude das novas terminologias, variáveis, exigências e maior grau de complexidade requerido nas demonstrações financeiras. Entretanto, é possível que o maior impacto decorrente da norma seja referente a dois temas específicos: (i) métodos atuariais sofisticados que possibilitem projeções diversas; e (ii) tecnologia e sistemas, haja vista a necessidade de armazenamento de dados históricos para elaboração do *Roll Forward* dos Fluxos de Caixa estimados (PVFCF), CSM e *Risk Adjustment*.

- Primeiramente, a companhia deverá assegurar a consistência de seus dados, por meio de um processo de *Data Quality* robusto, gerando a consistência entre as bases de dados operacionais (*feeder systems*), as informações utilizadas para projeção atuarial e os dados contabilizados. É importante garantir que esse processo funcione adequadamente para evitar o esforço excessivo (*undue effort*) ao implementar a nova normativa e mitigar o risco de correções nos cálculos atuariais.

- Em relação à estrutura tecnológica, a companhia deverá investir em automatização de seus processos internos e sistemas operacionais, descartando os processos manuais existentes. Ademais, deve-se dedicar à aquisição de servidores de dados e à construção de um *data lake* para armazenamento das informações dos contratos de seguros e dos fluxos projetados.

- As instituições deverão possuir também sistemas atuariais robustos para realização das projeções financeiras, de modo a dispor das ferramentas adequadas para realização dos cálculos de forma correta e tempestiva. O investimento em capacitação dos profissionais de seguros também é algo bastante relevante para a preparação à IFRS 17.

3.1 PROJEÇÃO DOS FLUXOS DE CAIXA FUTUROS (PVFCF)

A projeção de fluxos de caixa (*Fullfillment Cash Flows*) é um requisito trazido na IFRS 17 para estimular a gestão do negócio de seguros, por meio de uma visão prospectiva e orientada ao longo prazo, em vez da usual e confortável visão retrospectiva dos fenômenos. Nesse sentido, os clientes, os usuários das demonstrações financeiras e os demais *stakeholders* poderão identificar os resultados presentes e futuros gerados por cada produto, bem como obter maior grau de comparabilidade entre diferentes companhias de seguros e produtos.

3.1.1 PREMISSAS FINANCEIRAS E NÃO FINANCEIRAS

Ao realizar a projeção dos fluxos de caixa futuros, o atuário utiliza estimativas futuras sobre os eventos que poderão influenciar a realização dos fluxos de entradas (*inflows*) e saídas (*outflows*), de modo que é necessária a adoção de premissas ou hipóteses atuariais.

As premissas podem ser segregadas nas categorias a seguir:

CAPÍTULO 3 | MODELO GERAL DE MENSURAÇÃO – PASSIVO PARA COBERTURA REMANESCENTE **39**

- **Premissas não financeiras**: relacionadas aos riscos de seguros, tais como: Mortalidade, Morbidez, Longevidade, Persistência, Despesas com Sinistros, Resgates e Portabilidades, Taxas de Conversão em Renda (*Take Up Rates*), Aportes (*Top Ups*). Essas premissas atuariais não possuem relação direta com variáveis macroeconômicas.

- **Premissas financeiras**: premissas relacionadas a fatores econômicos e não diretamente associadas à gestão do negócio, tais como: Taxa de Juros Livre de Risco, Prêmio de Liquidez, Inflação, Taxa de Longo Prazo (*Ultimate Forward Rate*), Taxas de Administração de Fundos, Correlações entre Classes de Ativos, Taxa de Câmbio, *spread* de crédito.

- **Outras premissas**: relacionadas parcialmente a eventos externos e de mercado. Não necessariamente são ocasionados por mudanças no ambiente econômico: PIS/COFINS, *Comission Rate*, Despesas Administrativas.

A avaliação da consistência das premissas deve considerar a experiência passada e atual da companhia e, ao mesmo tempo, considerar possíveis tendências para o futuro (*trend*), de modo que o Passivo a ser projetado utilizando essas premissas produza, de fato, a melhor estimativa. Para a modelagem do *trend* sobre as premissas, por muitas vezes são utilizados *Expert Judgment* (desde que haja suficientes evidências), pois os modelos estatísticos podem não gerar uma visão prospectiva do negócio e capturar mudanças em processos, regulamentações e outros fatores que exercem influência sobre as premissas.

De acordo com o conceito trazido pela IFRS 17, as premissas devem estar centradas na média (visão *Best Estimate*), sem utilizar intervalos de confiança e desprovido de excesso de conservadorismo. Conceitualmente, esses desvios devem ser modelados separadamente por meio do componente *Risk Adjustment*. Tais premissas devem ser, portanto, realistas, consistentes com os relatórios internos e estudos divulgados pela companhia, bem como refletir as expectativas futuras.

Para definir as premissas a serem utilizadas, a companhia deverá adotar métodos amplamente aceitos e de acordo com as boas práticas de mercado. A seguir, são elencados alguns exemplos:

- **Mortalidade e longevidade**: para a projeção de produtos com cobertura de morte ou sobrevivência, costumam-se utilizar as tábuas biométricas, das quais se derivam a experiência de mortalidade de uma dada população, em função de sua idade. A companhia deverá realizar *backtestings* para identificar a tábua biométrica que possua maior aderência à sua massa segurada. Para isso, há diversos testes estatísticos que podem ser aplicados, tais como Qui-Quadrado e Kolmogorov-Smirnov.

- **Morbidade e invalidez**: nesse caso, a companhia também poderá adotar alguma Tábua de Entrada em Invalidez ou de Mortalidade de Inválidos disponíveis no mercado, ressaltando-se a necessidade da realização dos devidos testes de aderência. A companhia poderá também adotar uma premissa de sinistralidade, em conformidade com sua própria experiência, estimada de maneira paramétrica ou não, buscando também a modelagem do *trend* do futuro comportamento de invalidez, tal como as tábuas realizam o agravo de invalidez à medida que os indivíduos envelhecem.

- ***Improvement* ou ganho de longevidade**: nos produtos com cobertura de sobrevivência ou morte, é importante considerar o ganho de longevidade da população segurada. Isso ocorre porque, à medida que se melhoram as condições socioeconômicas, novas tecnologias tornam-se acessíveis e mudanças demográficas ocorrem; dessa forma, os indivíduos tendem a possuir uma maior longevidade.

- **Sinistralidade**: as companhias que operam em seguros da categoria de *Non Life* (ou aqueles de *Life* de curto prazo, que decidem utilizar premissa de sinistralidade em vez de tábuas) devem fazer a melhor estimativa dos eventos segurados a ocorrerem no futuro, considerando seu *trend* (curva de sinistralidade). Com base em sua experiência histórica de sinistros ocorridos, a empresa pode definir uma premissa de sinistralidade, incluindo uma estimativa dos sinistros em atraso na data-base de avaliação, que podem vir a ser avisados (*Incurred But Not Reported* – IBNR).

- **Taxas de conversão em renda**: para modelagem das taxas de conversão em renda, a companhia pode utilizar as informações (de volume financeiro ou quantidade de participantes) que, historicamente, realizam a opção de converter seu Fundo (PMBaC) em uma *annuity*. Essa análise poderá ser realizada de acordo com a faixa etária, observando que o mercado brasileiro costuma possuir uma baixa conversão em renda de Planos de Previdência em idades mais avançadas devido aos benefícios fiscais de Planos de Sucessão.

- **Persistência**: os volumes de prêmios, sinistros e despesas a serem projetados para o futuro dependem da quantidade de segurados que permanecerem vigentes. Para isso, utiliza-se a premissa de persistência, a qual pode ser estimada com base em sua experiência histórica de cancelamentos. À medida que a empresa realiza melhorias em seu processo de retenção, com menos clientes realizando cancelamentos, maior tende a ser seu lucro futuro (desde que o produto não seja oneroso).

Em relação às premissas financeiras, destaca-se a Taxa de Desconto a ser utilizada para o cálculo do valor presente dos Passivos, de modo a refletir o risco financeiro associado aos fluxos de caixa futuros estimados. O mercado brasileiro dispõe de um Modelo de Estrutura a Termo de Taxa de Juros, disponibilizada pelo regulador, considerando os títulos públicos brasileiros *Risk Free*.

A utilização dessa curva é atualmente empregada nos processo de Teste de Adequação de Passivos das Seguradoras e Entidades Abertas de Previdência Complementar e tem se mostrado uma boa ferramenta para definição das premissas financeiras, uma vez que cumpre um requisito basilar da normativa da IFRS 17: as taxas refletem os preços observáveis dos Ativos subjacentes negociados no mercado (Figura 3.8).

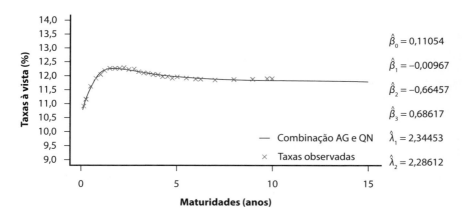

FIGURA 3.8 Comparação da Estrutura a Termo da Taxa de Juros (ETTJ) pré-SUSEP × preços de mercado.

Fonte: SUSEP.

A companhia deverá observar seu processo de *Asset and Liability Management* (ALM) para definir as taxas de descontos a serem aplicadas aos seus Passivos. A empresa deve buscar a redução do *mismatching* entre Ativos e Passivos e, por isso, é fundamental que a variação dos preços de mercado de Ativos seja similar à variação do mercado dos Passivos (variações na data de desconto). Ademais, deve-se assegurar a correta aplicação dos indexadores dos produtos de seguros.

A companhia também poderá definir sua própria taxa de desconto, com base em critérios próprios e utilizando métodos comprovadamente eficientes para tal. Para isso, a empresa deverá construir um *Economic Scenario Generator* (ESG) para a projeção das taxas de juros reais futuras e a determinação dos parâmetros de convergência a uma taxa de longo prazo *Ultimate Forward Rate*, assegurando que as taxas projetadas reflitam os preços correntes dos Ativos Financeiros (*e.g.*, Tesouro IPCA, Tesouro Selic, entre outros) e definindo um método de interpolação e extrapolação não linear.

ESTUDO DE CASO

A companhia Monti Seguros e Previdência S.A irá realizar a projeção dos seus resultados em IFRS 17 para uma carteira de Seguro Habitacional referente à data-base de 31/12/2019. Para isso, o Diretor Atuarial deve entender quais são os critérios e metodologias aplicados para a definição das premissas utilizadas para a estimativa da cobertura de Morte ou Invalidez Permanente (MIP), as quais deverão ser reportadas ao Comitê Executivo de Reservas.

A seguir, são destacadas as principais informações e fatos relevantes sobre a companhia:
- A empresa foi constituída no ano de 2000. No entanto, devido às limitações sistêmicas, dispõe de bases de dados operacionais somente desde o ano de 2015.

- A atualização do saldo devedor do contrato de financiamento habitacional do cliente (valor segurado) é calculada com o índice IPCA, a ser aplicado anualmente, na data de aniversário do contrato.
- Os financiamentos da carteira em análise possuem um prazo de 20 anos.
- O produto possui a característica de prêmio nivelado, de modo que o segurado paga o mesmo valor de prêmio (ajustado anualmente por IPCA) ao longo da vigência do contrato.

Primeiramente, é importante analisar as características do produto e elencar as premissas a serem utilizadas para a projeção dos fluxos de caixa. Vale destacar que o *boundary* dos contratos é igual a 20 anos, correspondente ao prazo do financiamento habitacional, o que demanda a utilização de um modelo BBA e a projeção dos componentes PVFCF, CSM e *Risk Adjustment*.

Como o produto possui reajuste anual por IPCA, a companhia poderá utilizar a ETTJ estimada pela SUSEP do Cupom de IPCA para *desconto financeiro* dos fluxos de caixa, uma vez que a aplicação desse desconto financeiro irá considerar, implicitamente, que o Passivo é atualizado anualmente por IPCA e calculado a valor presente por uma taxa de juros prefixada. As taxas *spot* da ETTJ refletem, em cada vértice, as taxas de mercado médias dos Ativos indexados ao IPCA e negociados no mercado.

Para a projeção dos sinistros futuros, a empresa poderá adotar uma **curva de sinistralidade** ou **tábuas de mortalidade e de invalidez**. Nesse caso, uma boa prática de mercado é realizar um teste de aderência para definir qual é a melhor estimativa de sinistralidade que reflete adequadamente as probabilidades de morte e de invalidez, bem como o envelhecimento da massa segurada. A entidade, porém, não dispõe de um histórico de dados extenso, o que pode comprometer suas estimativas, sendo um ponto de atenção.

Ao longo da vigência dos contratos, os clientes poderão quitar seus financiamentos de forma antecipada, o que deve gerar o cancelamento do contrato de seguro e a consequente devolução do prêmio de forma proporcional, haja vista que o risco coberto pelo seguro se extingue no momento da liquidação do financiamento. Assim, a companhia deve utilizar seu histórico de dados para definir uma **curva de persistência**, com a qual é realizada a projeção dos cancelamentos futuros e seus impactos sobre os *inflows* e *outflows* projetados pelo modelo atuarial.

DICAS E CASOS PRÁTICOS

- A definição das premissas atuariais e financeiras possui um papel fundamental na IFRS 17 e pode gerar impactos relevantes para as companhias. Um grupo de contratos superavitários pode se tornar oneroso a depender do comportamento das premissas utilizadas para a projeção dos fluxos de caixa.

- Nesse contexto, é importante que a companhia não somente defina a premissa, mas realize exercícios para avaliar o comportamento dos contratos em cenários adversos, utilizando ferramentas como *Stress Testing* (*e.g.*, choques em sinistralidade), *Stress Testing Reverso* (definição de um *breakeven*, a partir do qual o contrato passa a ser oneroso) e Análises de Sensiblilidade (*e.g.*, choques de +/− 100 bps em juros).

- A utilização da ETTJ SUSEP é uma boa alternativa para o mercado brasileiro, pela sua compatibilidade com os requisitos de IFRS 17 e pelo alinhamento quanto a uma futura adoção do regulador à normativa. Quanto à utilização da tábua BR-EMS, a companhia deve realizar testes de aderência para assegurar sua adequação ao padrão de sua massa segurada.

- Não por acaso, a IFRS 17 impõe o lançamento da *experience variance* como um movimento apartado em P&L. Dessa forma, será possível identificar nas demonstrações financeiras o grau de prudência estabelecido pela companhia na definição de suas premissas, bem como possíveis inconsistências e descolamentos da realidade.

- Uma estratégia-chave para a companhia é o estabelecimento de ações para melhorar a persistência, pois um produto não oneroso gera ainda mais valor, caso o cliente permaneça vigente. A premissa de **curva de persistência** pode ser uma poderosa ferramenta, pois a companhia poderá realizar uma análise por safra e verificar possíveis fontes de cancelamento em sua carteira, tais como "venda forçada" (maior cancelamento em safras recentes) e limitações no processo de retenção (maior cancelamento em safras mais antigas, em sua renovação).

3.1.2 MODELAGEM DOS FLUXOS DE CAIXA – *FULLFILLMENT CASH FLOWS*

A projeção dos fluxos de caixa deverá considerar a prestação de serviços compreendida dentro do *boundary* de cada contrato, de modo que devem ser projetadas todas as variáveis relacionadas diretamente com o cumprimento dos contratos de seguros. Com base nas premissas atuariais e financeiras e nas bases de dados com as informações cadastrais de cada apólice (*e.g.*, valor do prêmio, comissão, data de aniversário da apólice, início e fim de vigência), é possível realizar a projeção dos fluxos de caixa (Figura 3.9), utilizando-se de um **motor de cálculo atuarial**.

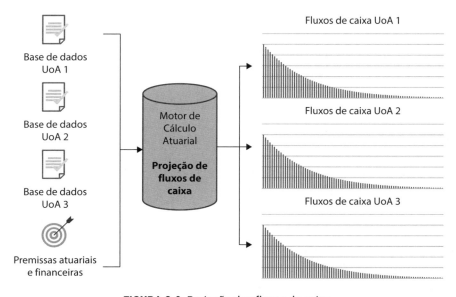

FIGURA 3.9 Projeção dos fluxos de caixa.

O processo de *Fullfillment Cash Flows* envolve a projeção financeira de cada contrato mantido pela companhia, de modo a considerar uma visão realista do futuro um resultado de *underwriting*, com base em premissas razoáveis e suportáveis. Os registros históricos decorrentes da experiência da companhia podem ser complementados com características da população segurada, tendências de mercado e mudanças futuras (*e.g.*, mudanças em alíquotas de impostos ou risco de antisseleção em algum produto) conhecidas na data de avaliação.

Em linhas gerais, a mensuração do PVFCF será determinada por meio da projeção de todas as entradas e saídas de caixa futuras relacionadas à realização do contrato de seguro, avaliadas a valor presente por uma taxa de desconto que reflita o valor do dinheiro no tempo e os riscos financeiros associados à prestação dos serviços.

$$\text{PVFCF}_{t=0} = \sum_{t=1}^{n} (Outflows_t - Inflows_t) * \frac{1}{(1+i_t)^t}$$

Em que:

- t = período de projeção dos componentes dos *cash flows*. Observa-se que $t = 0$ se refere à data-base de mensuração do Passivo, de modo que $t > 0$ são períodos futuros projetados para a realização dos fluxos de caixa;
- n = prazo referente ao *boundary* do contrato, que é o limite de projeção dos fluxos de caixa;
- i_t = taxa de desconto utilizada para cada período de projeção (t), classificada como uma taxa *spot* livre de risco, a qual pode ser obtida por um modelo de ETTJ. Caso se utilize o conceito de taxa *forward*, a formulação de desconto deve ser ajustada;
- $Outflows_t$ = saídas de fluxos de caixa esperadas ao longo do *boundary* do contrato (*e.g.*, sinistros, benefícios, resgates e portabilidades externas);
- $Inflows_t$ = entradas de fluxos de caixa esperadas ao longo do *boundary* do contrato (*e.g.*, prêmios, carregamentos, ressarcimentos e taxas de gestão).

Dentre as possíveis entradas e saídas a serem modeladas e relacionadas à prestação de serviços, destacam-se alguns exemplos para melhor entendimento:

- **Prêmios emitidos**: ao longo do *boundary* dos contratos, a companhia deverá realizar emissões de contratos. A arrecadação de prêmios dessas emissões dependerá da quantidade de indivíduos expostos em cada período de projeção (t) futuro, o que será determinado por meio da premissa de **persistência**.
- **Comissões e custos de aquisição diferidos**: as comissões e outros custos de aquisição diferidos (DAC) devem ser considerados no modelo de projeção. Para isso, o fluxo de caixa de diferimento de DAC deverá seguir a vigência do risco e ser projetado conforme a rubrica de prêmios ganhos.

CAPÍTULO 3 | MODELO GERAL DE MENSURAÇÃO – PASSIVO PARA COBERTURA REMANESCENTE 45

- **Sinistros ocorridos**: a companhia poderá aplicar uma premissa de sinistralidade (*e.g.*, histórico de frequência e severidade) sobre o fluxo de prêmios ganhos projetados ou optar pela utilização de uma tábua de mortalidade (ou invalidez) aderente à sua massa segurada, com aplicação de um decremento de mortalidade sobre a importância segurada dos respectivos contratos.

- **Despesas relacionadas aos sinistros**: o custo com a regulação de sinistros incorridos ao longo do *Claims Settlement Period* (incorrência até o efetivo pagamento do sinistro) pode ser estimado como uma parcela dos sinistros incorridos. Uma premissa de despesas com sinistros pode ser definida com base no histórico da companhia e aplicada sobre o Fluxo de Caixa de Sinistros Ocorridos.

- **Ressarcimentos e salvados**: as recuperações de sinistros correspondentes aos ressarcimentos e salvados devem ser previstas como fluxos de entradas no *Fullfillment Cash Flows*. Essas variáveis são bastante comuns nos seguros de Cascos e em operações de Seguro de Crédito.

- **Tributos**: o resultado projetado pela companhia em cada momento deve prever o fluxo de *taxes*, aplicando-se uma premissa para alíquota de PIS e COFINS sobre o resultado de *underwriting* (prêmios menos sinistros e despesas) projetado para cada período (t).

- **Despesas**: alocação de despesas fixas e variáveis diretamente relacionadas ao cumprimento dos fluxos de caixa. Os métodos de rateio e alocação de gastos devem possuir um racional bem-estruturado, de modo a considerar as características dos produtos (*e.g.*, normalmente os seguros residenciais possuem uma maior despesa operacional devido aos custos com assistência).

- **Contribuições, resgates, taxas de administração e portabilidades**: em planos de previdência em fase de acumulação (*e.g.*, PGBL e VGBL), a empresa deverá projetar os fluxos de caixa que compõem o fundo individual de cada cliente até a data estimada de sua aposentadoria, considerando os resgates estimados e as portabilidades ocorridas. A receita futura da companhia deverá ser composta dos carregamentos cobrados sobre as contribuições e taxas de gestão dos fundos.

- **Benefícios e despesas**: em planos de previdência em fase de concessão, a empresa deverá projetar uma estimativa de fluxos de benefício futuros e despesas relacionadas para cada participante, conforme sua modalidade de renda (*e.g.*, vitalícia, reversível, temporária).

- **Garantias e opções embutidas**: os participantes de planos de previdência possuem opção de converter seu Fundo futuramente em uma *annuity*. Nesse caso, os fluxos de caixa devem considerar o componente *Time Value of Guarantees and Options* (TVOG), que se trata de uma projeção futura de benefícios e despesas dos participantes que irão converter seu saldo acumulado (PMBaC) em uma renda, definidos em contrato.

ESTUDO DE CASO

A companhia Monti Seguros e Previdência S.A irá realizar o cálculo dos fluxos de caixa futuros para uma carteira onerosa de Seguro de Vida em Grupo para estruturar seu balanço de transição para a IFRS 17 referente a 31/12/2019. Portanto, os atuários deverão realizar a modelagem financeira referente à expectiva de entradas e saídas futuras para estimativa do PVFCF.

A seguir, são destacadas as principais informações e fatos relevantes sobre a companhia:

- A empresa possui um sistema atuarial, que efetua o cálculo para cada apólice, e, posteriormente, os fluxos de caixa são agrupados e descontados para apuração do PVFCF.

- O produto possui emissão plurianual (5 anos), reenquadramento etário anual de 5% do valor do prêmio e renovação anual com reajuste do prêmio pelo índice de inflação IPCA.

- Os contratos possuem cobertura de morte e invalidez, com importância segurada de R$ 50.000 e R$ 10.000, respectivamente.

- A empresa foi criada em 2015, e desde então está em pleno funcionamento, dispondo de todos os registros oficiais reportados ao regulador, com todos os movimentos de prêmios e cancelamentos de sua carteira.

- As despesas associadas aos contratos – assistência e despesas operacionais (DO) – são estimadas em 3% do valor do prêmio.

- Para a modelagem das saídas por morte, a companhia realizou *backtestings* e teste de aderência. Fora concluído que a Tábua BR-EMS 2015 com desagravo de 15% reflete a experiência de mortalidade de sua massa segurada, com a confiança estatística necessária.

- A premissa de invalidez segue uma taxa em função da importância segurada, calculada pela própria seguradora com base em seu histórico de dados.

- Para desconto dos fluxos de caixa, a empresa adota a Curva ETTJ SUSEP.

O produto em questão possui um *boundary* igual a 5 anos, correspondente ao prazo de vigência do contrato, visto que o reenquadramento por faixa etária (*repricing*) não anula o fato de a renovação anual do seguro depender somente do segurado. O fato de o *boundary* desses contratos ser superior a 1 ano e se tratar de uma carteira onerosa no momento da transição para IFRS enseja a utilização do método de mensuração **BBA**.

Inicialmente, destaca-se a definição das premissas realizadas pela companhia para os decrementos de morte e invalidez (eventos segurados). A adoção da Tábua **BR-EMS 2015** com desagravo de 15% e das taxas de invalidez está alinhada às boas práticas de mercado e técnicas consistentes, tais como a realização de *backtestings* e testes de aderência.

Para desconto dos fluxos de caixa de *inflows* e *outflows* futuros, a companhia deverá adotar a ETTJ Cupom de IPCA, haja vista que suas obrigações são atualizadas anualmente pelo índice IPCA. Realizando o desconto por essa curva, considera-se uma taxa de desconto real (taxa nominal prefixada líquida de inflação futura de IPCA).

CAPÍTULO 3 | MODELO GERAL DE MENSURAÇÃO – PASSIVO PARA COBERTURA REMANESCENTE **47**

Em relação à premissa de cancelamento, a companhia pode utilizar seus registros oficiais para avaliar o padrão dos cancelamentos ocorridos historicamente (ao longo dos seus 5 anos de observação) sobre os prêmios emitidos, de forma a obter uma curva histórica de cancelamentos.

Após carregar as informações das **premissas atuariais e financeiras** em seu sistema atuarial, serão calculados os decrementos a serem aplicados para projeção dos fluxos de caixa. Os decrementos são aplicados para cada apólice (Tabela 3.1).

TABELA 3.1 Cálculos dos decrementos de morte, cancelamentos e invalidez

Contratos vigentes	Saídas por morte	Cancelamentos	Saídas por invalidez
1,000000	0,000281	0,000249	0,000620
0,998850	0,000307	0,000154	0,000619
0,997769	0,000307	0,000154	0,000619
0,996690	0,000306	0,000154	0,000618
0,995612	0,000306	0,000153	0,000617
0,994536	0,000306	0,000153	0,000617
0,993460	0,000305	0,000153	0,000616
0,992386	0,000305	0,000153	0,000615
0,991312	0,000305	0,000153	0,000615
0,990240	0,000304	0,000153	0,000614
0,989169	0,000304	0,000152	0,000613
0,988099	0,000304	0,000152	0,000613

Após a aplicação dos decrementos, é possível determinar, a partir dos vigentes na data-base, a quantidade de segurados em cada período futuro (t) projetado e o volume de prêmios, comissões e despesas (considerando que as despesas foram definidas como um percentual dos prêmios). O modelo considera, ainda, o reajuste anual do prêmio por faixa etária, fixado em 5% a.a. (Tabela 3.2).

TABELA 3.2 Projeção dos fluxos de prêmios, comissões e despesas

Período de projeção (t)	Idade	Tempo de vigência	Reajuste	Prêmio	Contratos vigentes	Prêmios	Comissões	Despesas
0	55	11	1,00000	56,00	1,0000	56,0000	16,8000	1,6800
1	56	12	1,05000	58,80	0,9988	58,7324	17,6197	1,7620
2	56	13	1,00000	58,80	0,9978	58,6688	17,6007	1,7601
3	56	14	1,00000	58,80	0,9967	58,6054	17,5816	1,7582

(continua)

CONTRATOS DE SEGURO MONTI | OLIVEIRA | CARVALHO | FLORES

(continuação)

Período de projeção (t)	Idade	Tempo de vigência	Reajuste	Prêmio	Contratos vigentes	Prêmios	Comissões	Despesas
4	56	15	1,00000	58,80	0,9956	58,5420	17,5626	1,7563
5	56	16	1,00000	58,80	0,9945	58,4787	17,5436	1,7544
6	56	17	1,00000	58,80	0,9935	58,4154	17,5246	1,7525
7	56	18	1,00000	58,80	0,9924	58,3523	17,5057	1,7506
8	56	19	1,00000	58,80	0,9913	58,2892	17,4867	1,7487
9	56	20	1,00000	58,80	0,9902	58,2261	17,4678	1,7468
10	56	21	1,00000	58,80	0,9892	58,1631	17,4489	1,7449
11	56	22	1,00000	58,80	0,9881	58,1002	17,4301	1,7430
12	56	23	1,00000	58,80	0,9870	58,0374	17,4112	1,7411
13	57	24	1,05000	58,80	0,9860	57,9746	17,3924	1,7392
14	57	25	1,00000	61,74	0,9849	60,8090	18,2427	1,8243
15	57	26	1,00000	61,74	0,9839	60,7446	18,2234	1,8223

Os fluxos de saídas por morte e invalidez serão calculados com base na idade de cada segurado com aplicação dos decrementos sobre a importância segurada (Tabela 3.3.).

TABELA 3.3 Projeção dos fluxos de prêmios, comissões e despesas

Período de projeção (t)	Idade	IS – Morte	Probabilidade de morte	Pagamento esperado na morte	IS – Invalidez	Probabilidade de invalidez	Pagamento esperado na invalidez
0	55	50.000,00	0,0003	14,0610	10.000,00	0,0001	0,7030
1	56	50.000,00	0,0003	15,3518	10.000,00	0,0001	0,7676
2	56	50.000,00	0,0003	15,3352	10.000,00	0,0001	0,7668
3	56	50.000,00	0,0003	15,3186	10.000,00	0,0001	0,7659
4	56	50.000,00	0,0003	15,3020	10.000,00	0,0001	0,7651
5	56	50.000,00	0,0003	15,2855	10.000,00	0,0001	0,7643
6	56	50.000,00	0,0003	15,2689	10.000,00	0,0001	0,7634
7	56	50.000,00	0,0003	15,2524	10.000,00	0,0001	0,7626
8	56	50.000,00	0,0003	15,2359	10.000,00	0,0001	0,7618
9	56	50.000,00	0,0003	15,2195	10.000,00	0,0001	0,7610
10	56	50.000,00	0,0003	15,2030	10.000,00	0,0001	0,7602
11	56	50.000,00	0,0003	15,1866	10.000,00	0,0001	0,7593
12	56	50.000,00	0,0003	15,1701	10.000,00	0,0001	0,7585

Por fim, os fluxos de caixa são consolidados, e cada componente dos *cash flows* é calculado a valor presente utilizando as taxas de desconto geradas pela ETTJ prefixada em cada vértice (t) (Tabela 3.4).

TABELA 3.4 Projeções completas

		PVFCF	3.341,10				
		VALOR PRESENTE	9.046,91	74,26	2.588,09	258,81	8.626,97
Mês de projeção	Taxa de desconto	Fator de desconto (dx)	Pagamentos por morte	Pagamentos por invalidez	Pagamentos por comissão	Pagamentos por despesas	Entradas de prêmios
0	0,0000	1,0000	14,06	0,70	16,80	1,68	56,00
1	0,0064	0,9937	15,35	0,77	17,62	1,76	58,73
2	0,0078	0,9860	15,34	0,77	17,60	1,76	58,67
3	0,0082	0,9780	15,32	0,77	17,58	1,76	58,61
4	0,0068	0,9714	15,30	0,77	17,56	1,76	58,54
5	0,0058	0,9658	15,29	0,76	17,54	1,75	58,48
6	0,0053	0,9607	15,27	0,76	17,52	1,75	58,42
7	0,0054	0,9556	15,25	0,76	17,51	1,75	58,35
8	0,0051	0,9507	15,24	0,76	17,49	1,75	58,29
9	0,0040	0,9470	15,22	0,76	17,47	1,75	58,23
10	0,0050	0,9423	15,20	0,76	17,45	1,74	58,16
11	0,0038	0,9387	15,19	0,76	17,43	1,74	58,10
12	0,0046	0,9344	15,17	0,76	17,41	1,74	58,04
13	0,0044	0,9303	16,56	0,83	17,39	1,74	57,97
14	0,0043	0,9263	16,54	0,83	18,24	1,82	60,81
15	0,0047	0,9220	16,52	0,45	18,22	1,82	60,74
16	0,0041	0,9182	16,50	0,45	18,20	1,82	60,68
17	0,0043	0,9143	16,49	0,45	18,18	1,82	60,62

Toda a modelagem é aplicada para cada um dos contratos vigentes e consolidados para a projeção de PVFCF de cada UoA, considerando as safras de emissões e grupos de rentabilidade (onerosos, não onerosos e possivelmente onerosos).

Adicionalmente, o sistema atuarial deverá realizar as iterações necessárias para geração do *rollforward* solicitado na IFRS 17, incluindo a comparação *ex-post* dos valores estimados de fluxos de caixa com os realizados (*experience variance*), o reprocessamento dos Passivos em caso de mudanças de metodologia e refinamentos implementados nos modelos de projeção financeira.

DICAS E CASOS PRÁTICOS

- A companhia deverá buscar sinergias com seus processos existentes para evitar sobreposições desnecessárias e alocação de esforços excessivos na implementação da IFRS 17. Dessa forma, é importante utilizar a inteligência de processos existentes na companhia, tais como modelos de projeção de Passivos para fins de ALM, metodologias de cálculo de MCEV e fluxos de caixa de teste de adequação de Passivos.

- É importante que a geração das premissas e das bases de dados cadastrais passem por um amplo processo de *Data Quality*. Nesse sentido, a empresa pode assegurar a consistência de todos os seus registros oficiais (*e.g.*, Resprem, Premit, Quadros Estatísticos) para gerar, da mesma fonte de dados e de forma automática, as premissas e bases de dados das apólices vigentes para os cálculos dos fluxos de caixa, poupando tempo e recursos.

- A companhia deve estruturar uma integração entre o sistema atuarial, repositórios de dados históricos e sistemas contábeis, de modo a assegurar a maior segurança e agilidade possível na geração dos fluxos de caixa. Ademais, conforme já abordado, são necessários inúmeros *runs* dos fluxos de caixa para atendimento aos movimentos requeridos pela normativa (*e.g.*, *Accretion*, Novos Negócios, *Experience Variance*).

- O reforço da estrutura de governança corporativa e maior atuação dos gestores de riscos são necessários para assegurar o correto dimensionamento dos Passivos. Nota-se, por exemplo, que as premissas atuariais possuem alta influência sobre os resultados, e, adicionalmente, os desvios observados na *Experience Variance* devem ser endereçados e acompanhados por um plano de ação para redimensionamento das premissas.

- As regras de custeio das despesas devem ser revisadas cuidadosamente, de modo que somente despesas associadas diretamente à prestação de serviços de um contrato devem estar modeladas nos fluxos de caixa, enquanto as demais despesas (não relacionadas) devem ser lançadas separadamente no P&L da companhia. Conceitualmente, as despesas atribuíves aos *cash flows* são diferidas ao longo do tempo, enquanto as despesas não relacionadas têm reconhecimento *upfront* no resultado da companhia.

3.2 MODELAGEM DO AJUSTE AO RISCO NÃO FINANCEIRO

O Ajuste ao Risco não financeiro é uma medida de incerteza incorporada à estimativa dos fluxos de caixa futuros dos contratos de seguros. Em outras palavras, trata-se da compensação que uma companhia de seguros requer para proteger-se da incerteza inerente ao cumprimento dos fluxos futuros.

Em linhas gerais, o risco não financeiro compreende os riscos de *underwriting* aos quais os contratos de seguros estão sujeitos e representa uma medida de variabilidade sobre as projeções realizadas, conforme os exemplos a seguir:

- Admite-se que um risco de Seguro de Danos possui uma premissa de sinistralidade esperada. No entanto, esse percentual pode alcançar um patamar superior (*pricing risk*).

- A estimativa de longevidade utilizada para projetar os fluxos futuros de um plano de previdência pode ser impactada pela sobrevivência da população além do esperado (*longevity risk*).

- A expectativa de mortalidade de uma população coberta por seguros de vida pode sofrer desvios adversos em relação às expectativas da seguradora (*mortality risk*), com mais falecimentos do que seria inicialmente esperado.

- A projeção futura de prêmios ou contribuições pode ser afetada por aumentos nas taxas de cancelamentos estimadas para os contratos de seguros ou previdência (*lapse risk*).

O nível de alocação de capital para Ajuste ao Risco (*Risk Adjustment*) está diretamente relacionado com as características dos eventos segurados pela companhia (Quadro 3.2).

QUADRO 3.2 Principais *drivers* do *Risk Adjustment*

Maior *Risk Adjustment*	Menor *Risk Adjustment*
• Maior severidade dos sinistros (cauda pesada) • Contratos com maior *duration* • Maior volatilidade • Distribuição de dados mais esparsa	• Menor severidade dos sinistros e maior frequência • Contratos com menor *duration* • Menor volatilidade • Distribuição de dados mais homogênea

Conceitualmente, o de PVFCF é uma estimativa da média (valor esperado) da realização futura dos fluxos de caixa da companhia, uma vez que as premissas utilizadas para seu cálculo são calibradas em uma visão dos passivos *Best Estimate*. Os conceitos trazidos pela IFRS 17 guardam relação com as boas práticas de Solvência II, trazendo o PVFCF como a melhor sstimativa dos Passivos e o Ajuste ao Risco como um componente similar ao conceito de *Risk Adjustment* (guardadas as diferenças comentadas no item 2.5).

Contudo, a IFRS 17 não determina a metodologia definitiva para cálculo do Ajuste a Risco, de modo que a companhia possui a liberdade de escolher o método que seja mais aderente ao seu modelo de gestão e às características de seus produtos. A literatura acadêmica sugere algumas possíveis abordagens para determinação do Ajuste ao Risco.

A metodologia de **Custo de Capital** é uma técnica similar ao *Risk Margin* de Solvência II, considerando-se como Ajuste ao Risco um Custo de Capital (CoC) sobre a Demanda de Capital para determinados riscos. Primeiramente, calcula-se o Capital Econômico da Companhia calibrado a determinado nível de confiança (*e.g.*, 99,5%) para a categoria de Risco de Subscrição e, sobre esse montante de capital, aplica-se uma premissa de Custo de Capital:

$$RA = CoC * EC_{SUBS}$$

Em que:

- CoC = premissa de Custo de Capital incorrido na operação. Uma *proxy* para essa premissa pode ser a diferença entre a rentabilidade mínima exigida pelo acionista (*RoE*) e a taxa livre de risco (*CDI*), de modo que, quanto maior for a taxa livre de risco em relação à rentabilidade do negócio, maior tende a ser o Custo de Capital;
- EC_{SUBS} = Capital Econômico alocado pela Companhia para cobertura do Risco de Subscrição, ou seja, demanda de Capital calculada pela empresa a partir de seu modelo interno de capital.

O método de *Stress Testing* consiste na aplicação de cenários adversos sobre as premissas utilizadas para composição dos Fluxos de Caixa (*e.g.*, mortalidade, sinistralidade, cancelamentos), de modo que cenários *top-down* definidos pela administração, estresses históricos (*e.g.*, crise do *subprime*, pandemia de covid-19), entre outras possibilidades, podem utilizados para definição dos cenários adversos para as premissas. Os choques nas premissas devem ser traduzidos em uma medida de intervalo de confiança (*e.g.*, 80, 95 e 99,5%). Observe a Figura 3.10.

Premissas	Cenário-base	Cenário estresse
Sinistralidade	10%	20%
Cancelamentos (% a.a.)	5%	10%
Despesas (*per capita*)	2,50	3,00

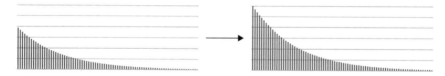

FIGURA 3.10 Cenário de estresse sobre premissas do PVFCF.

O *Risk Adjustment* será igual à diferença entre o **PVFCF calculado** sobre o cenário de estresse e o **PVFCF mensurado** pelas premissas *Best Estimate* e, posteriormente, contabilizado no saldo de Passivo.

$$RA = \sum_{t=1}^{n} VP(Outflows_{stress} - Inflows_{stress})_t - PVFCF$$

Em que:

- $\sum_{t=1}^{n} VP(Outflows_{stress} - Inflows_{stress})_t$ = medida equivalente ao PVFCF, mas aplicando-se o cenário de estresse sobre as premissas utilizadas para a projeção dos fluxos;

- PVFCF = Valor Presente dos Fluxos de Caixa Futuros contabilizado no Passivo, calculado com base nas premissas *Best Estimate*, centradas na média.

A aplicação de **Métodos Estocásticos** é feita por meio de replicações aleatórias dos possíveis cenários. Como resultado, têm-se diversas possíveis estimativas dos resultados futuros esperados, de modo a possibilitar estimar uma distribuição de probabilidade como medida de incerteza. Dessa distribuição, é possível extrair medidas quantílicas associadas a percentis específicos da distribuição empírica (*e.g.*, 99,5%) para determinar a medida de Ajuste ao Risco. Algumas técnicas podem ser utilizadas, tais como Simulação de Monte Carlo, Convoluções, aproximação de distribuições paramétricas (*e.g.*, Normal, Log-Normal, Gama), entre outras (Figura 3.11).

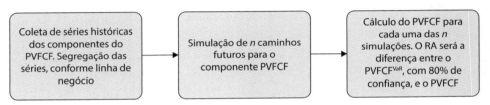

FIGURA 3.11 Etapas para modelagem estocástica do *Risk Adjustment*.

Por meio da aplicação do método estocástico, o próprio saldo de PVFCF é entendido como uma variável aleatória, cuja distribuição de probabilidade é gerada pelas estimativas oriundas dos processos descritos anteriormente. Assim, é possível obter percentis de PVFCF para definição do *Risk Adjustment* (Figura 3.12).

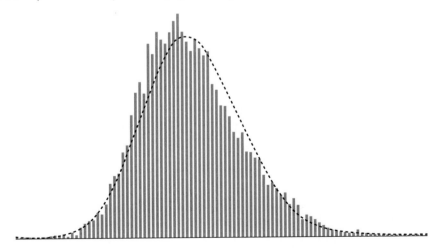

FIGURA 3.12 Exemplo de distribuição de probabilidade para PVFCF.

Por fim, ao se escolher um percentil adequado ao perfil de aversão ao risco dos gestores, o Ajuste ao Risco pode ser calculado pela diferença entre o valor do percentil de PVFCF e sua estimativa central:

$$RA = \mathrm{PVFCF}_{VaR} - \mathrm{PVFCF}$$

Em que:

- PVFCF_{VaR} = *Value at Risk, i.e.*, Perda Máxima Esperada (PVFCF + *Risk Adjustment*) a que a companhia está exposta sob condições estacionárias, correspondente ao montante de PVFCF para o percentil selecionado (*e.g.*, 99,5%);
- PVFCF = Valor Presente dos Fluxos de Caixa Futuros contabilizado no Passivo, calculado com base nas premissas *Best Estimate*, centradas na média.

Para o cálculo do *Risk Adjustment*, é permitido estimar o efeito da correlação entre diferentes portfólios, de modo que a determinação do Ajuste ao Risco para a companhia em *Entity Level* não é necessariamente igual à soma algébrica direta do Ajuste ao Risco de cada carteira. A razão para isso é que a companhia pode usufruir de um benefício de diversificação de riscos ao compor carteiras com diferentes características. A equação a seguir apresenta a consolidação matemática do *Risk Adjustment* – matriz de correlação.

$$RA_{EL} = \sqrt{[RA_1 \ \dots \ RA_N] \left(\begin{bmatrix} \rho_{11} & \cdots & \rho_{1N} \\ \cdot & \cdot & \cdot \\ \cdot & \cdot & \cdot \\ \cdot & \cdot & \cdot \\ \rho_{N1} & \cdots & \rho_{NN} \end{bmatrix} \right) \begin{bmatrix} RA_1 \\ \cdot \\ \cdot \\ \cdot \\ RA_N \end{bmatrix}}$$

Em que:

- RA_i = *Risk Adjustment* do portfólio "*i*", calculado de acordo com a abordagem adotada;
- RA_{EL} = *Risk Adjustment* consolidado a *Entity Level*;
- $\rho_{ij} = \dfrac{\mathrm{cov}(i,j)}{\sigma_i * \sigma_j}$ = Correlação linear entre os portfólios "*i*" e "*j*".

Por meio de uma matriz de correlação, é possível medir o desempenho conjunto entre diferentes portfólios (Quadro 3.3). Há, também, na literatura acadêmica, outras técnicas para avaliar, de maneira mais geral (não linear), a interação de variáveis (*e.g.*, Teoria das Cópulas).

QUADRO 3.3 Exemplos de matriz de correlação entre portfólios

	Portfólio 1 – Vida em Grupo	Portfólio 2 – Previdência	Portfólio 3 – Habitacional	Portfólio 4 – Dotal Misto
Portfólio 1 – Vida em Grupo	1,000	0,500	0,250	0,750
Portfólio 2 – Previdência	0,500	1,000	0,250	0,250
Portfólio 3 – Habitacional	0,250	0,250	1,000	0,250
Portfólio 4 – Dotal Misto	0,750	0,500	0,250	1,000

ESTUDO DE CASO

A companhia Monti Seguros S.A efetuará o cálculo do Ajuste ao Risco para o portfólio de Seguro Empresarial a fim de mensurar seus Passivos em IFRS 17.

A seguir, são destacadas as principais informações e fatos relevantes sobre a companhia:

- A empresa dispõe de uma base histórica com as informações de prêmios ganhos, sinistros e despesas referentes aos últimos 5 anos.
- Após a aplicação de seu modelo de projeção financeira, o departamento atuarial calculou um PVFCF no valor de R$ 100 milhões na data-base de cálculo.
- O atuário deseja comparar seu modelo próprio obtido por meio de um método estocástico frente à metodologia de *Stress Testing Top Down*, com choques sobre os componentes de PVFCF definidos por sua matriz.
- O *Confidence Level* (percentil) a ser utilizado para o Método Estatístico é de 75%.
- A empresa também possui um portfólio de Seguro de Grandes Riscos, cujo *Risk Adjustment* na data-base de avaliação é igual a R$ 40 milhões.
- A correlação entre os portfólios de Seguro Empresarial e Grandes Riscos é igual a 0,6.

Inicialmente, é importante destacar que, conceitualmente, o *Risk Adjustment* consiste em um desvio em relação à expectativa futura de fluxos de caixa (PVFCF).

Ademais, os principais componentes do PVFCF para uma carteira do segmento de danos (no caso, um portfólio de Seguro Empresarial) são os **Prêmios Ganhos**, os **Sinistros Retidos** e as **Despesas Incorridas** (Comercialização, Administrativas e Operacionais). A empresa avaliará todas essas séries históricas e, para diluir o efeito de sazonalidades, irá utilizar dados em periodicidade trimestral, haja vista que em Seguros Empresariais pode haver períodos sazonais (*e.g.*, fortes chuvas em período de verão – vide Figura 3.13).

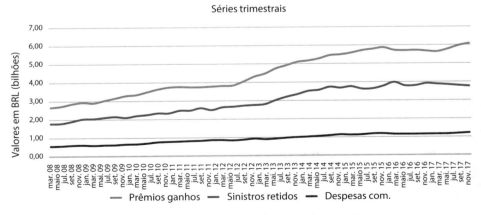

FIGURA 3.13 Séries históricas de prêmios, sinistros e despesas.

Fonte: SUSEP.

Dessa forma, como a empresa dispõe das séries históricas dos últimos 5 anos dessas variáveis, é possível analisar tais informações históricas e determinar, para cada período observado, o valor do Resultado de Subscrição (RSubs), o qual representa o resultado de seguros em cada mês de avaliação. Lembrando que se trata de conceito similar ao PVFCF, porém com valores observados, em vez de projetados.

$$RSubs^t = PG_t - SR_t - Desp_t$$

Em que:

- $RSubs^t$ = Resultado de subscrição ocorrido no período (t) anterior à data-base de avaliação;
- PG_t = Volume de prêmios ganhos no período (t) anterior à data-base de avaliação;
- SR_t = Volume de sinistros retidos no período (t) anterior à data-base de avaliação;
- $Desp_t$ = Volume de despesas administrativas, operacionais e de comercialização observadas no período (t) anterior à data-base de avaliação.

Após a avaliação do RSubs observado em cada mês, ao longo dos 5 anos anteriores à data-base (histórico disponível), é possível implementar um algoritmo de simulações para gerar "n" simulações futuras do resultado operacional da companhia.

TABELA 3.5 Simulações de "*n*" cenários de resultado de subscrição

Simulação/ série	Prêmios ganhos – PG$_{k,t}$				Sinistros retidos – SIN$_{k,t}$				Despesas de com – DC$_{k,t}$				Resultado subs k,t				
	t = 1	*t* = 2	*t* = 3	*t* = 4	*t* = 1	*t* = 2	*t* = 3	*t* = 4	*t* = 1	*t* = 2	*t* = 3	*t* = 4	*t* = 1	*t* = 2	*t* = 3	*t* = 4	TOTAL
1	6,2	6,22	6,16	6,3	3,74	3,77	3,65	3,85	1,25	1,23	1,24	1,25	1,2	1,22	1,27	1,2	**4,89**
2	6,18	6,25	6,27	6,12	3,76	3,82	3,96	3,76	1,22	1,22	1,19	1,23	1,2	1,21	1,12	1,13	**4,66**
3	6,19	6,2	6,26	6,31	3,77	3,68	3,77	3,79	1,24	1,22	1,2	1,25	1,19	1,3	1,29	1,26	**5,04**
4	6,15	6,16	6,39	6,29	3,63	3,76	3,69	3,73	1,24	1,22	1,2	1,21	1,28	1,17	1,51	1,36	**5,31**
5	6,17	6,15	6,26	6,27	3,7	3,69	3,69	4,06	1,28	1,19	1,25	1,22	1,19	1,26	1,32	0,99	**4,76**
6	6,12	6,25	6,34	6,32	3,75	3,73	3,74	3,66	1,19	1,21	1,24	1,24	1,18	1,31	1,36	1,42	**5,27**
7	6,06	6,13	6,29	6,28	3,59	3,84	3,62	3,79	1,22	1,27	1,2	1,2	1,25	1,02	1,47	1,29	**5,03**
8	6,18	6,16	6,32	6,26	3,74	3,82	3,9	3,83	1,22	1,24	1,2	1,2	1,22	1,11	1,22	1,23	**4,77**
9	6,12	6,15	6,2	6,44	3,84	3,67	3,74	3,68	1,26	1,28	1,26	1,19	1,02	1,21	1,21	1,58	**5,01**
10	6,11	6,05	6,18	6,42	3,7	3,82	3,66	3,85	1,22	1,23	1,22	1,24	1,2	0,99	1,3	1,32	**4,8**
.	6,05	6,27	6,24	6,29	3,89	3,81	3,76	3,9	1,22	1,19	1,27	1,22	0,93	1,27	1,21	1,16	**4,58**
.	6,17	6,38	6,23	6,12	3,74	3,76	3,65	3,85	1,21	1,29	1,25	1,22	1,23	1,34	1,32	1,05	**4,94**
.	6,22	6,24	6,29	6,48	3,81	3,66	3,76	3,78	1,23	1,23	1,23	1,22	1,18	1,35	1,31	1,48	**5,32**
10.000	6,21	6,05	6,18	6,42	3,77	3,75	3,65	3,84	1,23	1,25	1,24	1,25	1,2	1,04	1,29	1,33	**4,86**

Com base nos resultados obtidos para cada uma das variáveis realizadas em todos os cenários simulados, é possível determinar a distribuição empírica de probabilidade do Resultado de Subscrição, de modo que o percentil 75% é representado pela área sombreada na Figura 3.14. Essa é a região de risco corporativo para a seguradora, uma vez que é exatamente nessa área em que ocorrem os piores resultados de subscrição, nos piores cenários adversos que podem, eventualmente, se materializar.

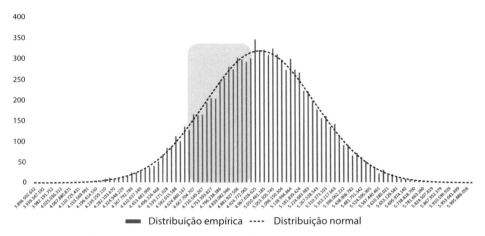

FIGURA 3.14 Distribuição de probabilidade do Resultado de Subscrição.

Tendo em vista que o *Risk Adjustment*, conceitualmente, corresponde a um desvio adverso em relação à média, cuja probabilidade de insuficiência de capital é de 75%, a companhia poderá determinar um *Risk Factor*, calculado por:

$$Risk_{Fac} = 1 - \frac{RSubs_{75\%}}{RSubs_{Bel}}$$

Em que:

- $Risk_{Fac}$ = *Risk Factor* calculado na data-base de avaliação;
- $RSubs_{75\%}$ = Resultado de Subscrição correspondente ao percentil 75%, ou seja, a probabilidade de o Resultado de Subscrição ser pior que $RSubs_{75\%}$ é igual a 25%;
- $RSubs_{Bel}$ = Resultado de Subscrição correspondente ao percentil 50%, ou seja, se a distribuição for simétrica, a visão *Best Estimate* estará centrada no resultado esperado.

Analisando os resultados da distribuição de probabilidade, a companhia concluiu que seu *Risk Factor* é igual a 20%. Dessa forma, para calcular o *Risk Adjustment*, a empresa realizou o seguinte cálculo:

CAPÍTULO 3 | MODELO GERAL DE MENSURAÇÃO - PASSIVO PARA COBERTURA REMANESCENTE **59**

$$RA = Risk_{Fac} * PVFCF$$

Em que:

- $Risk_{Fac}$ = Risk Factor calculado na data-base de avaliação;
- PVFCF = Valor Presente dos Fluxos de Caixa Futuros estimados na IFRS 17.

Dessa forma, a empresa determinou que o valor de seu Ajuste ao Risco não financeiro na data-base de avaliação é igual a R$ 20 milhões (= R$ 100 milhões * 20%).

Para o cálculo do *Risk Adjustment* de acordo com a metodologia de *Stress Testing Top Down* definida pela matriz, a companhia precisará projetar um cenário estressado de PVFCF, reprocessando seus cálculos atuariais de fluxos de caixa futuros e utilizando um conjunto de premissas estressadas (Quadro 3.4).

QUADRO 3.4 Premissas para projeção do PVFCF

Premissas	Cenário-base	Cenário estresse
Sinistralidade	10%	20%
Cancelamentos (% a.a.)	5%	10%
Despesas (*per capita*)	2,50	3,00

Ao comparar os resultados antes e depois de um cenário estático de estresse, a entidade chegou aos seguintes resultados de PVFCF:

- PVFCF = R$ 100 milhões | PVFCF$_{Estressado}$ = 115 milhões;
- *Risk Adjustment* = PVFCF$_{Estressado}$ − PVFCF = 115 − 100 = R$ 15 milhões.

Suponha que, adicionalmente, foram realizados os cálculos por algum método estocástico (*e.g.*, Método de Monte Carlo). Como resultado, para o cenário adverso, a companhia obteve um *Risk Adjustment* de R$ 20 milhões (Figura 3.15).

Método	Risk Adjustment	RA selecionado
Estocástico	BRL 20 MM	OK
Stress Testing	BRL 15 MM	✗

FIGURA 3.15 Seleção de método de *Risk Adjustment*.

Após o cálculo do *Risk Adjustment* para a carteira de Seguro Empresarial, a empresa consolidou o Ajuste ao Risco em *Entity Level*, agregando os montantes das carteiras de Seguro Empresarial e Grandes Riscos. *Vide* Figura 3.16, considerando a correlação existente entre eles (supostamente igual a 0,6), observando um montante total de Ajuste a Risco igual a R$ 54,4 milhões = $\sqrt{20^2 * 40^2 + 2 * 0.6 * 20 * 40}$ − Figura 3.17.

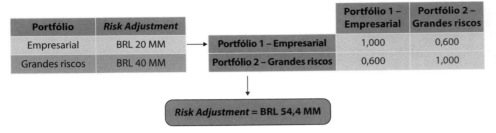

FIGURA 3.16 Consolidação do *Risk Adjustment* em *Entity Level*.

DICAS E CASOS PRÁTICOS

- Não há uma maneira única ou mais recomendada para calcular o *Risk Adjustment*, pois essa avaliação dependerá da política da companhia, seu modelo de negócio, seus produtos e sua estratégia de alocação de Passivos. Por exemplo, uma carteira de Seguros de Riscos de Engenharia provavelmente irá dispor de menor massa de dados para se realizar um método estocástico do que um portfólio de Seguro Automóvel. Por outro lado, uma abordagem de *stress testing* pode ser perfeitamente aplicável para uma carteira de *Directors & Officers* (D&O), por exemplo.

- No caso de utilização do Método de Custo de Capital, a companhia precisará efetuar uma alocação do *Risk Adjustment* para cada portfólio de IFRS 17, visto que o montante de capital econômico utilizado como base é calculado em uma visão integral da companhia, considerando todos os segmentos já agregados.

- As empresas que possuem Modelos Internos de Capital (conhecidos como modelos próprios) podem gerar sinergias em seus processos, aproveitando esses modelos no caso de utilização da metodologia de Custo de Capital. Essa é uma importante forma de poupar recursos e tempo, visto que o desenvolvimento de modelos de Capital Econômico demanda ampla utilização de recursos computacionais e mão de obra qualificada.

- As companhias com reporte ao exterior de *Market Consistent Embedded Value* (MCEV) podem considerar seu *Cost of Residual Non Hedgeable Risks* (CRNHR) uma aproximação para seu Ajuste ao Risco, visto que essa métrica representa um Custo de Capital para os riscos não financeiros.

- Para simplificar seu processo de cálculo de Ajuste ao Risco, a empresa pode adotar o *approach* de utilizar um *Risk Factor*, que consiste em um desvio em relação à média calibrado por algum método (tal como no estudo de caso apresentado) a ser aplicado sobre o PVFCF da IFRS 17 e recalibrado periodicamente. Essa aplicação facilita a geração dos movimentos necessários de *Risk Adjustment* (*New Business*, *Accretion* etc.), pois seguirá proporcionalmente a movimentação do PVFCF, ao se aplicar o *Risk Factor*.

- Em relação ao método atualmente praticado no mercado brasileiro, as empresas que possuem uma carteira onerosa deverão reconhecer uma despesa maior em

CAPÍTULO 3 | MODELO GERAL DE MENSURAÇÃO – PASSIVO PARA COBERTURA REMANESCENTE **61**

IFRS 17. Por exemplo, caso uma empresa possua uma PCC de R$ 100 atualmente, ela pode constituir mais R$ 10 correspondente ao *Risk Adjustment*, que passa a compor o Passivo.

3.3 MARGEM DE SERVIÇO CONTRATUAL (CSM) & *LOSS COMPONENT*

Após a estimativa dos Fluxos de Caixa Futuros da companhia (PVFCF) e do Ajuste a Risco, a última etapa para a mensuração dos contratos de seguros em IFRS 17 é a avaliação dos Lucros Futuros a serem apropriados no caso dos contratos não onerosos. Essa medida é denominada **Margem de Serviço Contratual (CSM)** (Figura 3.17). No caso dos contratos deficitários, constitui-se uma Componente de Perda (*Loss Component*) a ser reconhecida imediatamente no P&L da companhia.

Fluxo de caixa projetado (entrada)

(–) Saídas (pagamentos de sinistros etc.)
(–) Desconto dos fluxos de caixa
(–) Ajuste a Risco
(=) **Margem de Serviço Contratual (CSM)**

FIGURA 3.17 Processo de mensuração dos Passivos e apuração da CSM.

No reconhecimento inicial de um grupo de contratos de seguro superavitários, a CSM é igual ao montante dos fluxos de caixa líquidos estimados (*net inflows*), os quais são compostos por:

- estimativa dos fluxos de caixa de entradas, tais como: prêmios, ressarcimentos e recuperações, carregamentos e taxas de gestão;
- projeção de saídas de fluxos de caixa, tais como: sinistros, benefícios, resgates, conversões em renda, comissões e despesas;
- desconto do resultado futuro a valor presente, por meio de uma de desconto livre de risco, a fim de obter estimativas correntes e o risco financeiro inerente ao horizonte de projeção; e
- Ajuste ao Risco não financeiro, para capturar a probabilidade de possíveis cenários adversos que poderão incorrer em desvios sobre os fluxos de caixa projetados pela companhia.

O processo de avaliação subsequente envolve um processo de recálculo e atualização dos Passivos em consonância com a IFRS 17, a cada data-base de reporte. Dessa forma, a CSM é reavaliada a cada data de reporte, de modo que sejam avaliados:

- atualizações dos *cash flows*, devido à atualização das premissas atuais de cálculo;
- modificações da CSM para refletir mudanças nos *cash flows* relacionadas a serviços futuros;

- efeito financeiro de juros sobre a CSM (*Accretion*);
- novos contratos emitidos ao longo do período de avaliação;
- apropriação de parte da CSM devido à prestação de serviços realizados (*Release*); e
- efeito de MtM sobre os Passivos, ou seja, variação da taxa de desconto no período de análise.

A CSM atualizada ao fim da data-base de avaliação representa os lucros futuros ainda não reconhecidos pela companhia em seu P&L, que estão relacionados com a prestação de serviços a ser provida pela seguradora ou entidade de Previdência Complementar. O processo periódico de atualização e revisão é importante para que todos os *stakeholders* da empresa possuam uma visão refinada, atual e realista sobre os resultados futuros e perspectivas a respeito da materialização de *cash flows* (Figura 3.18).

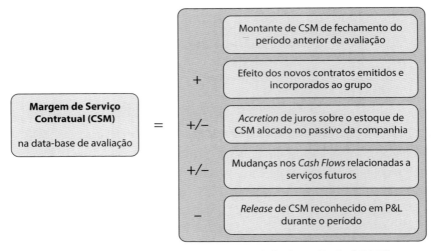

FIGURA 3.18 Reconciliação de CSM no período de avaliação (KPMG).

3.3.1 *ACCRETION* DE JUROS SOBRE A CSM

A CSM dos contratos é atualizada pela taxa de desconto, de maneira a refletir o valor do dinheiro no tempo, uma vez que há uma carteira de investimentos com Ativos garantidores dos Passivos, as quais rendem uma receita financeira (*Accrual*) no resultado da companhia. A taxa de desconto para cálculo do *Accretion* de CSM deve ser a LIR, que consiste no desconto financeiro aplicado ao fluxo de caixa futuro no momento do reconhecimento inicial do grupo de contratos.

Suponha um grupo de contratos reconhecidos na data-base de 31/12/2022, quando a taxa de desconto estiver em 10% a.a. Mesmo que na mensuração dos Passivos em 30/06/2024 a taxa de desconto seja de 5% a.a., o componente de *Accretion* sobre a CSM desse grupo de contratos deverá considerar uma taxa de 10% (*Locked In Rate*). Portanto, os efeitos da queda de juros sobre os *cash flows* devem ser avaliados separadamente em uma linha de MtM (variação das taxas de desconto).

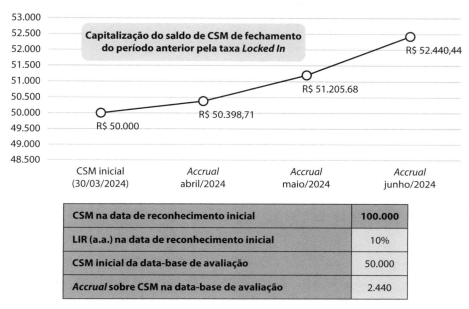

FIGURA 3.19 Avaliação do *accretion* sobre a CSM.

O *Accretion* dos Passivos deve compor a linha de resultado financeiro da companhia, uma vez que se trata de uma despesa financeira, não relacionada à prestação de serviços de seguros.

3.3.2 MUDANÇAS SOBRE AS PROJEÇÕES DE FLUXOS DE CAIXA

A CSM sempre deve ser atualizada para refletir as mudanças ocorridas ao longo do período de reporte, as quais podem surgir das seguintes situações:

- **Ajuste de Experiência (*Experience Variance*)**: consiste na diferença entre os fluxos de caixa projetados para o período e os fluxos efetivamente ocorridos (*actuals*), reconhecido em P&L. Esses ajustes são refletidos sobre o serviço atual, uma vez que se trata de um *backtesting* para avaliar e ajustar os fluxos de caixa *vis-à-vis* um período observado já conhecido.

- **Alterações de premissas**: as premissas são suposições formadas sobre eventos futuros que direcionam toda a projeção de fluxos de caixa futuros. Por isso, devem ser constantemente reavaliadas e definidas de acordo com uma forte governança corporativa. A atualização das premissas tem a finalidade de refletir a perspectiva mais realista possível sobre os fluxos de caixas futuros (PVFCF), podendo gerar um aumento ou uma redução sobre os Lucros Futuros a serem apropriados (CSM).

- **Correções ou refinamentos nos modelos**: assim como o PVFCF é afetado por mudanças ou correções metodológicas realizadas sobre os modelos de projeção, a CSM também é diretamente afetada, visto que o montante de lucro futuro estimado depende da realização dos fluxos de caixa.

Vale ressaltar que, no caso de as reavaliações dos fluxos de caixa gerarem um aumento das saídas de fluxos de caixa superior às entradas projetadas, a ponto de consumir toda a CSM constituída para o contrato, deve ser constituído um *Loss Component*, a ser avaliado e controlado separadamente. Assim, a companhia deverá manter um alto nível de controle operacional da avaliação dos contratos, incluindo análises daqueles que vierem a se tornar onerosos nas avaliações subsequentes dos Passivos.

3.3.3 AMORTIZAÇÃO DA CSM (*RELEASE*)

Uma parcela da CSM de um grupo de contratos de seguro é reconhecida no P&L da companhia a cada período de reporte, de forma a refletir os serviços prestados ao grupo de apólices. A lógica para amortização da CSM é similar ao diferimento da PPNG, com a diferença de que, nesse caso, o *release* seguirá a composição dos fluxos de caixa esperados em vez de diferimento linear.

A determinação desse montante de *release* de CSM é definido pela realização dos fluxos de caixa (PVFCF) e *Risk Adjustment* ao longo do período de avaliação (Figura 3.20).

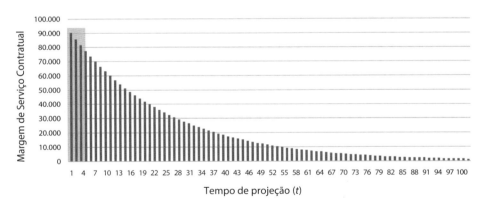

FIGURA 3.20 Exemplo de *release* de CSM.

3.3.4 NOVOS CONTRATOS EMITIDOS

A subscrição de novos contratos ao longo do período de avaliação deve ser evidenciada separadamente, para fins de avaliação de CSM, tal como ocorre na avaliação subsequente de PVFCF. Um novo contrato que é incluído em determinada safra de contratos de seguro irá gerar uma parcela de CSM a ser reconhecida ao longo da prestação de serviços.

Caso os novos contratos emitidos sejam onerosos, devem ser separados e incorporar a componente de perda relativa aos contratos deficitários.

ESTUDO DE CASO

A Companhia Monti Seguros e Previdência S.A. está preparando a publicação de suas Demonstrações Financeiras em IFRS 17, referente à data-base de 31/12/2024, para uma carteira de Previdência, composta de planos PGBL e VGBL sem garantia de excedente financeiro na fase de diferimento. As demonstrações financeiras são realizadas com periodicidade trimestral.

Os clientes dessa carteira possuem direito a exercer uma opção de conversão do saldo da provisão matemática em anuidade vitalícia, com tábua biométrica AT-2000, atualização monetária por IPCA e 2% a.a. de taxa de juros real, sem a previsão de excedente financeiro.

A seguir, são destacadas as principais informações e fatos relevantes sobre a companhia:

- A data de reconhecimento inicial em IFRS 17 para esse grupo de contratos é 31/12/2022.

- A taxa de desconto *Locked In Rate* vigente no momento do reconhecimento inicial é 6% a.a.

- A taxa de desconto permaneceu a mesma até a data de setembro de 2024, quando foi reavaliada em um percentual de 5% a.a. a partir do mês de outubro de 2024.

- Na data-base de 30/09/2024, a CSM desse grupo de contratos soma o montante de R$ 500.000.

- O montante acumulado (líquido de taxas de gestão e carregamentos) pelo participante do plano encontra-se alocado em um Fundo de Investimento Especialmente Constituído (FIE), a ser resgatado ou convertido em renda na data de aposentadoria do participante.

- Entre os meses de setembro e dezembro de 2024, foram subscritos 5 mil novos contratos, que geraram R$ 50.000 de CSM para o portfólio, com a seguinte distribuição: R$ 15.000 em outubro, R$ 15.000 em novembro e R$ 20.000 em dezembro.

- A companhia reavaliou suas premissas de Conversão em Renda no mês de novembro de 2024, em função do processo de atualização periódico das premissas atuariais, que gerou um aumento da CSM de 10%.

- O Ajuste de Experiência decorrente da diferença das projeções de fluxos de caixa e as entradas/saídas ocorridas (*actuals*) ao longo do período de avaliação geram uma redução na CSM em R$ 5.000.

- A empresa possui uma carteira de Ativos Garantidores com títulos Tesouro IPCA registrados como *Fair Value Option*, ou seja, com efeito de marcação a mercado sobre seu **Resultado**. Os preços de mercado dos Ativos no período reduziram em torno de 100 bps, ou seja, a taxa de desconto dos fluxos de caixa sofreu uma queda de 1% no período de análise.

A primeira questão que emerge neste *case* é o fato de os produtos de Previdência serem mensurados na perspectiva da IFRS 17, haja vista a discussão existente no mercado sobre a possibilidade de enquadramento desses contratos na IFRS 9 (*Financial Instruments*). Apesar de o mercado de Previdência Complementar ser frequentemente tratado no Brasil como um produto de investimento, o fato de o participante possuir o direito líquido e certo (definido em contrato) de converter seu fundo em uma renda aleatória o torna, sim, um contrato de seguro seguindo a IFRS 17, com participação direta.

Neste estudo de caso, os participantes podem, de maneira voluntária (e independentemente da vontade da companhia), optar por converter seus recursos de Provisão Matemática de Benefícios a Conceder (PMBaC) em uma renda vitalícia de acordo com a base técnica contratual. Portanto, observa-se que a entidade está exposta a um risco atuarial de seguro referente à possibilidade de o nível de longevidade populacional sofrer alguma alteração, de modo que a expectativa de vida dos participantes no momento de sua aposentadoria pode não refletir a tábua biométrica garantida para o cálculo de seu benefício.

Os produtos de Previdência enquadram-se no modelo geral de mensuração descrito na seção 3.3, com um *boundary* superior a 1 ano, visto que o contrato se estende até a data de aposentadoria do participante e não pode ser cancelado unilateralmente por parte da companhia. Portanto, essa carteira não pode ser avaliada pelo modelo simplificado PAA.

Esse produto possui a avaliação dos mesmos componentes do *Building Block Approach*, mas a mensuração dos Passivos, nesse caso, é classificada como um modelo *Variable Fee Approach* (VFA). Esse modelo se aplica aos contratos que possuem participação direta e dispõem de um *Underlying Asset* ou Ativo Subjacente ao contrato de seguros. Nesse caso, os recursos acumulados dos contratos de PGBL e VGBL são alocados em um fundo exclusivo (*underlying asset*), no qual o segurado possui participação direta na variação do valor da cota dos fundos.

As diferenças entre os Modelos VFA e BBA podem ser assim evidenciadas a seguir:

- os contratos VFA são aqueles que possuem participação direta do segurado;

- o efeito de marcação a mercado para os contratos VFA devem transitar em resultado;

- a variação do valor de mercado dos *underlying assets* não é computado na avaliação subsequente (reconciliação) de CSM, pois é um risco assumido unicamente pelo segurado.

No caso de um contrato VFA de PGBL (Previdência) e VGBL (Seguro de Vida com cobertura de sobrevivência) em fase de acumulação, os Fluxos de Caixa Futuros a Valor Presente (PVFCF) são compostos por todas as possíveis entradas e saídas geradas pelos segurados ao longo da vida do contrato, ou seja:

CAPÍTULO 3 | MODELO GERAL DE MENSURAÇÃO – PASSIVO PARA COBERTURA REMANESCENTE **67**

- contribuições e aportes realizados pelos participantes;
- resgates totais ou parciais por morte e por iniciativa do participante;
- rentabilidade dos Fundos de Investimento Especialmente Constituídos (FIE);
- carregamento sobre as contribuições e aportes realizados ou sobre saídas;
- futuras conversões do saldo de provisão matemática de benefícios a conceder em renda;
- despesas administrativas e operacionais com a gestão dos contratos;
- tributos PIS/COFINS a serem pagos pela companhia sobre o faturamento;
- Taxa de gestão incidente sobre os fundos administrados.

Dessa forma, o PVFCF decorrente de um contrato de previdência VFA pode ser considerado o resultado dos fluxos de caixa gerados pelos contratos vigentes. No entanto, o CSM da companhia consiste na parcela dos fluxos de caixa em que há a efetiva participação da instituição, de modo que a participação direta do segurado não deve ser registrada pela empresa como lucros futuros:

$$CSM = \sum_{t=1}^{n} VP(TG_t + Carr_t + TVOG_t)_t - VP(TAX_t + DESP_t)$$

Em que:
- TG_t: parcela da Taxa de Gestão a ser recebida pela seguradora no período de avaliação (t), após distribuição da parcela referente ao gestor do fundo (*Asset Management*);
- $Carr_t$: carregamento sobre contribuições, aportes ou saída recebidos pela seguradora no período de avaliação (t);
- $TVOG_t$: resultado obtido pela projeção dos fluxos de caixa dos participantes que decidiram converter seus saldos provisionados em renda aleatória no período de avaliação (t);
- TAX_t: PIS/COFINS ou outros tributos a serem recolhidos pela companhia sobre seu faturamento no período de avaliação (t);
- $DESP_t$: Despesas administrativas e operacionais com a gestão e manutenção dos contratos no período de avaliação (t).

Após avaliação dos seus fluxos de caixa, de acordo com a metodologia VFA, a companhia possuía uma CSM de R$ 500.000, na data do último reporte das demonstrações financeiras anterior à data-base de avaliação. Dessa forma, admita que, na avaliação de dezembro de 2024, a companhia parta de uma CSM inicial de R$ 500.000.

No entanto, devido à atualização da hipótese de conversão em renda, é necessário que essa CSM seja atualizada (*restatement*) para refletir a atualização de premissas ocorrida em novembro de 2024, a qual gerou um aumento de 10% sobre a CSM inicial. Nesse caso, por se tratar de uma elevação de CSM, presume-se que o fato de mais clientes converterem seus fundos em renda é algo positivo para a companhia. Isso possivelmente ocorre pelo fato de a base técnica contratual prever uma baixa taxa real de juros (por exemplo, 2% a.a.) para o cálculo da anuidade vitalícia.

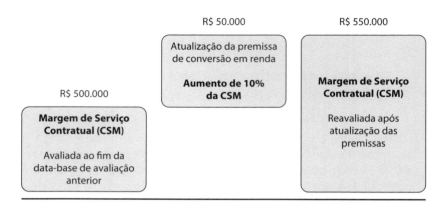

FIGURA 3.21 Efeito da atualização de premissas sobre a CSM.

Após a atualização das premissas, a companhia deverá incorporar ao CSM de abertura dos contratos vigentes (*in force*) o montante de CSM gerado pelos novos negócios:

CSM de abertura dos contratos vigentes	550.000
CSM dos novos negócios – outubro	15.000
CSM dos novos negócios – novembro	15.000
CSM dos novos negócios – dezembro	20.000

O controle das vendas novas é feito separadamente nas demonstrações financeiras de acordo com o IFRS 17, de modo que a empresa irá registrar em seu P&L um movimento no valor de R$ 50.000, referentes a novos negócios subscritos no período de avaliação.

Para o cálculo do *Accretion* de juros sobre sua CSM, a companhia deverá calcular, separadamente, o efeito de variações da taxa de juros sobre cada bloco de contratos, uma vez que o efeito da taxa de juros especificamente sobre a CSM dos contratos *in force* incide sobre 3 meses (outubro, novembro e dezembro), enquanto a capitalização do CSM dos novos negócios de outubro é de 2 meses (novembro e dezembro) e de 1 mês para os contratos subscritos em novembro de 2024. A CSM dos contratos emitidos em dezembro de 2024 não possuirá *Accretion* porque já considera as projeções dessas apólices centradas na data-base de 31/12/2024.

É importante destacar que os contratos já vigentes no início do período de avaliação têm seu *Accretion* calculado por meio da *Locked In Rate* (LIR) vigente à época de sua emissão, que nesse caso é igual a 6% a.a. Por outro lado, o *Accretion* do CSM dos contratos emitidos em outubro, novembro e dezembro de 2024 deverá ser calculado a partir de uma LIR igual a 5% a.a.

FIGURA 3.22 *Accretion* de CSM para os contratos *in force*.

FIGURA 3.23 *Accretion* de CSM para os novos negócios de out./2024.

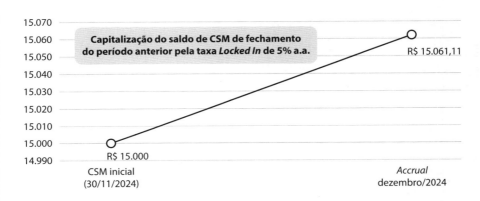

FIGURA 3.24 *Accretion* de CSM para os novos negócios de nov./2024.

Dessa forma, o total de *Accretion* sobre a CSM ao longo do trimestre de avaliação da companhia a ser contabilizado em seu P&L é igual a R$ 16.505, decorrente de novas vendas e carteira vigente:

New Business	R$ 245,20
In Force	R$ 16.259,66
TOTAL	R$ 16.504,85

A próxima etapa para mensuração subsequente da CSM consiste em definir o *release* do CSM para cada contrato. Essa amortização da CSM irá compor o P&L da empresa, resultando em uma receita pela apropriação de parte dos lucros futuros por prestação dos serviços aos participantes. A parcela de CSM amortizada entre a data de 30/09/2024 e 31/12/2024 é o *release* de CSM a ser registrado no P&L da companhia em dezembro de 2024:

***Release* de CSM**	R$ 12.500,00

Enquanto há constituição de CSM devido aos novos negócios, também há uma parte da CSM desses contratos e daqueles vigente à data-base de 30/09/2024 que é diferida ou amortizada. Essa amortização irá depender do padrão dos fluxos de caixas estimados, de modo que os produtos que possuem uma *duration* maior normalmente trazem uma apropriação mais lenta de CSM no resultado.

Por exemplo, os contratos que foram contabilizados na data de reconhecimento inicial já possuem 2 anos de amortização da CSM entre a data de seu reconhecimento (31/12/2022) e a data-base de avaliação (31/12/2024).

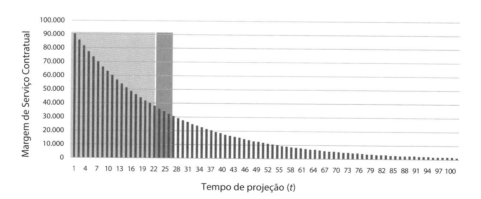

FIGURA 3.25 Amortização da CSM para um contrato registrado no reconhecimento inicial.

Por outro lado, os novos contratos subscritos no mês de outubro de 2024 terão uma pequena parcela de sua CSM amortizada na data da avaliação (31/12/2024).

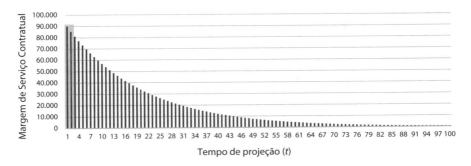

FIGURA 3.26 Amortização da CSM para um novo contrato subscrito em out./2024.

Observando-se o Fluxo de CSM inicial do período de avaliação, é possível formar expectativas de *release* de CSM. Entretanto, conforme as condições iniciais, a companhia registrou um *Experience Variance* negativa de R$ 5.000. Ou seja: a diferença entre o que se esperava de *release* e o que realmente se materializou trouxe uma redução de R$ 500 de CSM.

A *Experience Variance* tem a finalidade de demonstrar o nível de assertividade do modelo de projeção. Nesse caso, o modelo mostrou um pequeno desvio ao se comparar o resultado ocorrido com o que se havia projetado. Isso pode ser resultado de alguma mudança, por exemplo, no processo de cobrança de taxas de gestão ou carregamentos, por alguma campanha de venda de produtos de Previdência com taxas mais competitivas, as quais não são previstas no modelo (que considerava taxas maiores).

O efeito de Marcação a Mercado (MtM) sobre os Passivos, por sua vez, é calculado a partir da variação das taxas de mercado no período entre 30/09/2024 e 31/12/2024. Como a taxa de mercado sofreu uma redução no período de 100 bps, a CSM é impactada com um aumento de forma proporcional à sua *duration*. Nesse caso, a companhia deve optar por reconhecer o resultando, lançando esta variação em P&L, uma vez que os Ativos Garantidores encontram-se classificados como *Fair Value Option* (FV).

Realizando o cálculo do impacto de variação das taxas de mercado sobre a CSM de toda a carteira, a companhia chega à conclusão de que a CSM sofreu um aumento de R$ 40.000.

QUADRO 3.5 Efeito da marcação a mercado sobre a CSM dos contratos

t	1	2	3	4	5	...	240
Fluxo de CSM	60.000	57.000	54.150	51.443	48.870	...	10

CSM – taxa anterior (6%)	603.505
CSM – taxa dez./2024 (5%)	643.505

Após agregar todos os movimentos de CSM, a companhia conclui a sua evidenciação contábil (Quadro 3.6).

QUADRO 3.6 Avaliação da CSM

CSM inicial do período de avaliação	R$ 500.000,00
Restatement atualização de premissas	R$ 50.000,00
New Business no período de avaliação	R$ 50.000,00
Accretion da CSM pela LIR	R$ 16.504,85
Release de CSM	(R$ 12.500,00)
Experience Variance	(R$ 500,00)
MtM sobre a CSM (variação de taxas)	R$ 40.000,00
CSM final do período de avaliação	R$ 643.504,85

DICAS E CASOS PRÁTICOS

- Os contratos avaliados de acordo com a IFRS 17 trarão a demonstração explícita da expectativa de lucros futuros a serem apropriados e a descrição de quaisquer eventos ou fatos que implicam alteração da CSM, de modo que os *stakeholders* passam a ter uma visão futura dos negócios com um nível de detalhe muito superior ao requerido em IFRS 4. As reconciliações impostas pela IFRS 17 irão demandar a preparação das companhias, com investimentos em ferramentas de análise e integração entre sistemas para eliminação de processos manuais.

- O requisito de realizar o *Accretion* de CSM com base em taxas históricas cria um enorme desafio para as empresas, visto que elas deverão dispor de um repositório de *Yield Curves* históricas, para controle do *Accretion* e desconto para cada UoA. Ademais, a diversidade de indexadores para produtos de seguros (*e.g.*, IPCA, IGP-M e TR) demanda o armazenamento de um volume ainda maior de informação.

- Os produtos de seguro com menor vigência e, portanto, menor *duration* possuem uma amortização de CSM mais rápida que um produto de longo prazo. A companhia deve estar atenta para esse fato, pois a migração de *mix* de produtos para negócios com maior *duration* pode, em um momento inicial, implicar uma redução em seu resultado, devido a um menor *release* de CSM no curto prazo (que poderá ser compensado por um nível de lucro muito maior no futuro).

- A gestão da marcação a mercado dos Passivos deve ser alinhada com a implementação de IFRS 9. As companhias que optarem por uma estratégia de menor volatilidade em resultado deverão classificar suas carteiras de Passivos e Ativos para que esse efeito incida sobre o *equity* em vez de impactar seu P&L.

- A avaliação subsequente do LC constituído no caso de contratos onerosos deve ser realizada, tal como a CSM, com a diferença de que não há a figura do *release* porque o LC é reconhecido imediatamente em resultado. Por outro lado, a atualização do LC pela LIR (*Accretion*), alterações de premissas e Novos Negócios (onerosos) também devem ser realizados.

QUESTÕES

1. Sobre o Modelo Geral de Mensuração e seus componentes, é **correto** afirmar que:

a) O Modelo geral de Mensuração está constituído sobre a forma de *Bulding Blocks* e seus componentes são conhecidos por: Margem de Serviço Contratual (CSM), Provisão de Prêmios Não Ganhos (PPNG) e Custos de Aquisição Diferidos (CAD).

b) O desenvolvimento do Modelo Geral de Mensuração pressupõe que a companhia seja capaz de estimar os fluxos de caixa esperados para seus contratos de seguro, os quais devem ser medidos a valor presente por uma taxa de desconto. Os Passivos se dividem em duas categorias: Cobertura Remanescente (LRC – *Liability for Remaining Coverage*) e Sinistros Incorridos (LIC – *Liability for Incurred Claims*).

c) Sobre a estimativa dos Fluxos de Caixa Futuros (PVFCF), deve ser incorporado um ajuste a risco, o qual representa possíveis desvios sobre a estimativa desses fluxos, que podem decorrer do desenvolvimento adverso dos preços de Ativos no mercado financeiro.

d) Ao realizar o cálculo dos fluxos de caixa futuros, o resultado dos lucros futuros estimados será registrado no componente de Margem de Serviço Contratual (CSM). Esse saldo é reconhecido imediatamente pela companhia e não possui relação com o período de cobertura do contrato.

2. Tendo em vista a complexidade existente na avaliação dos contratos de seguros de acordo com o Modelo Geral de Mensuração, existe a alternativa de aplicação da abordagem simplificada *Premium Allocation Approach* (PPA). Em relação aos critérios de elegibilidade desse método, assinale a seguir a alternativa **correta**:

a) O Modelo Simplificado pode ser utilizado para mensuração de um contrato de Previdência Complementar com garantia mínima de taxa de juros e indexador. Devido à alta complexidade em se modelar esse produto, a adoção do Modelo Geral poderia incorrer em custos elevados de implementação.

b) A elegibilidade de uma carteira para a abordagem PAA se dá quando o prazo de vigência da apólice é menor ou igual a 1 ano, independentemente da possibilidade de a companhia reajustar seu preço.

c) Um Seguro Dotal Misto com vigência de 3 anos, renovação anual e reajuste de preço por idade (reenquadramento etário) possui um *boundary* de 3 anos, visto que há reavaliação dos riscos, e a renovação depende do segurado. Nesse caso, não haveria elegibilidade para o modelo PAA.

d) Um Seguro Automóvel com cobertura de 1 ano não é elegível ao Modelo Simplificado, pois o segurado pode renovar o contrato, mesmo que haja uma nova cotação e subscrição do risco.

3. Para elaboração do Modelo Geral de Mensuração, a companhia deve possuir uma estrutura capaz de realizar diversas reconciliações (*rollforward*) sobre os saldos de Fluxos de Caixa Futuros (PVFCF), Ajuste a Risco e CSM. Dentre os requisitos determinados nesse processo, é **incorreto** afirmar que:

a) Caso seja identificado que os Fluxos de Caixa Futuros (PVFCF) do período imediatamente anterior tenham sido calculados de forma incorreta por alguma razão, primeiramente se deve realizar uma correção desses montantes. A partir desses saldos recalculados, parte-se para as etapas seguintes.

b) A mudança no montante de PVFCF devido à atualização de alguma premissa atuarial deve ser isolada, de modo que seja quantificada a mudança futura nos *cash flows* em virtude de alteração das hipóteses. Essas premissas incluem, por exemplo, estimativas de sinistralidade e cancelamentos.

c) A linha de *Experience Variance* irá indicar o nível de aderência das premissas adotadas pela companhia em relação aos dados já conhecidos na data-base de avaliação.

d) O cálculo do *Accretion* de juros sobre os Passivos deve ser realizado com base nas taxas de mercado vigentes no momento da avaliação dos Passivos.

4. A definição de premissas atuariais e financeiras é parte vital para a projeção das futuras entradas e saídas de caixa, assumindo-se determinados critérios para o desenvolvimento futuro a partir de um histórico de dados ou cenários. Nesse sentido, assinale a seguir a alternativa **correta**:

a) Tendo em vista a existência de uma linha de *Experience Variance* na demonstração de resultados, a definição de um ambiente de controles e o estabelecimento de governança de premissas não possuem relevância, pois os cálculos do resultado de seguros já serão ajustados de acordo com os dados reais.

b) São exemplos de premissas financeiras: taxa de desconto, índice de inflação, ganho de longevidade, tábuas de mortalidade, câmbio e curvas de persistência.

c) Não é permitida a utilização de análises subjetivas e julgamentos para a modelagem das premissas, pois os modelos estatísticos são sempre suficientes para se obter uma visão prospectiva do negócio e capturar mudanças em processos, regulamentações e outros fatores que exercem influência sobre as premissas.

d) Na calibração de premissas para cálculo do PVFCF, a norma não permite que se adotem percentis em relação à média, de forma a se obter um Passivo mais conservador e um eventual benefício fiscal.

5. A mensuração de Passivos sob a ótica da IFRS 17 pressupõe o cálculo de fluxos de caixa futuros a valor presente, de acordo com uma premissa de taxa de desconto. Qual das seguintes ações **não** se encontra alinhada com os requisitos da norma?

CAPÍTULO 3 | MODELO GERAL DE MENSURAÇÃO – PASSIVO PARA COBERTURA REMANESCENTE 75

a) As taxas utilizadas para desconto dos Passivos devem guardar relação com o nível de preços dos instrumentos financeiros comercializados no mercado. Essa diretriz é importante para que se obtenha coerência entre as variações a mercado de Passivos e Ativos.

b) O processo de *Asset and Liability Management* será uma importante ferramenta de gestão. A empresa deve buscar a redução do descasamento entre Ativos e Passivos e, por isso, é fundamental que a variação dos preços de mercado de Ativos seja similar à variação do valor de mercado dos Passivos.

c) Na modelagem de uma Estrutura a Termo de Taxa de Juros (ETTJ) como premissa de taxa de desconto, a companhia deve empregar modelos consagrados e de acordo com as melhores práticas de mercado, mesmo que não estejam alinhados aos Ativos que dão cobertura aos Passivos.

d) A norma não determina um método específico para definição das taxas de desconto. As companhias possuem a liberdade de definir sua própria metodologia, desde que as taxas de desconto adotadas reflitam os preços observáveis no mercado.

6. O departamento atuarial de uma seguradora do segmento de danos está desenvolvendo um modelo de projeção de fluxos de caixa para mensuração de um agrupamento de contratos sob o modelo *Building Block Approach* (BBA) para a parcela de Cobertura Remanescente (LRC). No que se refere à modelagem dos fluxos de caixa futuros (PVFCF), a companhia deve:

a) Projetar o desenvolvimento futuro dos prêmios, com base em premissas atuariais e considerando as estimativas de cancelamentos ao longo dos períodos de projeção.

b) Alocar, nas saídas de caixa, as despesas não relacionadas ao cumprimento dos *cash flows*, por meio de métodos de rateio aprovados em sua governança interna. Apesar de essas despesas não estarem relacionadas à vigência do risco, envolvem desembolsos para a empresa.

c) Considerar um cancelamento consideravelmente abaixo do observado historicamente para a projeção dos prêmios, com o intuito de gerar um maior valor econômico da companhia e, portanto, maior CSM. Como a norma não determina um método específico de projeção de fluxos de caixa, pode-se adotar essa abordagem como estratégia de gestão de resultados.

d) Modelar o fluxo de sinistros já incorridos, podendo utilizar uma premissa com base no histórico da companhia e aplicada sobre sua Provisão de Sinistros a Liquidar.

7. Assinale a seguir a alternativa que contenha **somente** componentes dos fluxos de caixa futuros de planos de Previdência Complementar ou Seguro de Vida com cobertura de sobrevivência, para contratos que se encontram em fase de acumulação. Ao se aposentar, os participantes terão direito a uma renda vitalícia, reversível a seu(sua) cônjuge em caso de morte.

a) Carregamentos para cobertura de despesas administrativas, resgates e portabilidades externas e internas, taxas de administração de fundos de investimento e sinistros ocorridos.

b) Garantias e Opções Embutidas (*Time Value of Guarantees and Options* – TVOG) referentes à possibilidade de conversão dos fundos acumulados em uma anuidade, contendo o valor presente dos fluxos futuros de benefícios e despesas relacionados à expectativa de conversão em renda.

c) Contribuições regulares dos participantes, fluxo de caixa referente aos futuros pagamentos de benefícios, despesas administrativas e margem de prudência para oscilação financeira.

d) Taxa de administração sobre os fundos de investimento, contribuições regulares dos participantes e os respectivos resgates e portabilidades esperados. Por se tratar somente de um risco no caso de conversão em renda, não é necessário aplicar um desconto financeiro para cálculo a valor presente.

8. Uma empresa de seguros emite apólices para cobertura de riscos de engenharia, cujo *boundary* contratual é superior a 1 ano e, portanto, se enquadra no modelo BBA. Sabendo que esses contratos são reajustados anualmente por TR + 0,5% a.m. e a carteira de Ativos que dá cobertura a esses contratos é investida em títulos "Tesouro IPCA", qual das seguintes decisões **não** seria tecnicamente recomendável?

a) Considerando que parte dos clientes realizam o cancelamento do produto, é importante se ter em conta um decremento de cancelamento sobre a base vigente. Adicionalmente, deve-se realizar a projeção dos *cash flows* de custos de aquisição, sinistros incorridos e despesas administrativas e operacionais relacionadas ao contrato de seguro.

b) Como a atualização dos prêmio se dá por meio do indexador TR, o correto é uma utilizar uma curva de desconto prefixada e utilizar a expectativa de inflação pelo índice IPCA. Independentemente do indexador utilizado para a atualização da obrigação contratual, aplica-se o índice IPCA por ser o indexador que remunera os Ativos garantidores da companhia.

c) As projeções devem considerar o fluxo de prêmios reajustados de acordo com o indexador TR e descontados por uma curva prefixada. Mesmo que a carteira de Ativos garantidores seja indexada ao IPCA, a projeção dos fluxos de caixa deve seguir o critério de reajuste previsto contratualmente (TR).

d) A projeção de sinistros poderá considerar o histórico da companhia para apuração de uma premissa de sinistralidade. No caso de produtos com pouco histórico ou experiência, é possível adotar análises subjetivas e *expert judgements*, desde que devidamente documentados e fundamentados em boas práticas de governança corporativa.

CAPÍTULO 3 | MODELO GERAL DE MENSURAÇÃO – PASSIVO PARA COBERTURA REMANESCENTE **77**

9. A apuração de um Ajuste a Risco não financeiro na mensuração dos Passivos de seguros é uma importante medida de desvio em relação à estimativa de realização dos fluxos de caixa futuros. Assinale a seguir a alternativa que melhor se adequa às boas práticas no reporte do Ajuste a Risco:

a) O Ajuste a Risco deve considerar uma estimativa para desvios nos riscos relacionados ao objeto do contrato de seguro e pode incluir uma margem para desvios nas taxas de desconto financeiro dos Passivos, dada a alta volatilidade no mercado de capitais brasileiro.

b) Dentre as principais categorias de risco a serem modeladas no Ajuste a Risco da companhia, destacam-se os riscos de mortalidade, invalidez, cancelamentos e crédito.

c) Uma empresa que dispõe de maior quantidade de linhas de negócio, atuando em diferentes ramos e segmentos de seguros, poderá se beneficiar com o efeito da correlação entre os riscos ao consolidar o seu Ajuste a Risco.

d) Em relação à linha de negócios de cobertura de riscos em plataformas petróleo, espera-se que o segmento de acidentes pessoais tenha um maior Ajuste a Risco, pois possui uma menor *duration* e menor volatilidade.

10. A IFRS 17 não impõe um método específico para o cálculo do Ajuste a Risco, porém existem diversas técnicas que podem ser empregadas para se determinar uma medida de desvio em relação à média. Selecione a seguir a alternativa tecnicamente mais consistente.

a) O método de *stress testing* pode ser considerado o mais vantajoso para a empresa, pois permite que sejam feitas análises de impacto sobre determinadas variáveis, independentemente do histórico observado ao longo dos anos.

b) A metodologia de Custo de Capital é similar ao conceito de *Risk Margin* de Solvência II, considerando-se como Ajuste ao Risco um Custo de Capital (CoC) sobre uma Demanda de Capital, considerando os riscos de mercado crédito e subscrição.

c) Para a determinação do nível de Ajuste a Risco, pode-se utilizar um percentil demasiadamente alto como estratégia de alocação de um Passivo mais conservador, mesmo que se trate de um produto com pouca volatilidade e severidade baixa.

d) A utilização de simulações e técnicas estatísticas pode ser utilizada para determinar a distribuição de probabilidade dos Fluxos de Caixa Futuros (PVFCF) e, portanto, sendo possível obter uma medida de desvio correspondente a determinado percentil como o Ajuste a Risco.

11. A Margem de Serviço Contratual permite que os usuários da demonstrações financeiras tenham o conhecimento a respeito do valor econômico de uma companhia de seguros e de sua capacidade de geração de fluxos de caixa, conforme critérios atuariais e financeiros estabelecidos. Em relação à CSM, é **correto** afirmar que:

a) A CSM a ser registrada nas demonstrações financeiras pode ser interpretada como uma medida de rentabilidade sob a ótica da IFRS 17, pois reflete o valor presente dos lucros futuros, considerando entradas e deduzindo-se as saídas de caixa, Ajuste a Risco e desconto financeiro.

b) Não há necessidade de se isolar o efeito de alterações em premissas atuariais sobre o saldo de CSM, tendo em vista que as premissas podem ser revistas conforme a experiência da companhia.

c) No processo de avaliação subsequente da CSM, há necessidade de se segregar cada um dos efeitos que podem influenciar seu saldo ao longo das datas de avaliação dos Passivos. Dentre essas reconciliações, deve-se demonstrar o efeito das novas vendas e o *release* esperado da CSM obrigatoriamente pelo método linear.

d) O cálculo do *Accretion* sobre a CSM deve ser lançado em uma conta de patrimônio, sem efeito sobre o resultado. Esse cálculo é realizado por meio da taxa de desconto *Locked In*.

12. Em relação ao risco financeiro envolvido no cálculo da Margem de Serviço Contratual (*CSM*), sob a perspectiva da IFRS 17, é **incorreto** afirmar que:

a) A CSM dos contratos é atualizada financeiramente para refletir o valor do dinheiro no tempo, uma vez que há o lastro de uma carteira com Ativos garantidores dos Passivos, as quais rendem uma determinada receita financeira no resultado da companhia.

b) A taxa de desconto para cálculo do *Accretion* de CSM deve ser aquela observada no momento do cálculo dos fluxos de caixa para os instrumentos financeiros que dão cobertura ao Passivo.

c) O componente de *Accretion* sobre a CSM desse grupo de contratos deverá considerar a taxa *Locked In*, e o efeito da variação de juros sobre os fluxos futuros deve ser avaliado separadamente como variação em premissas econômicas, podendo ser registrada em Resultado ou Patrimônio (OCI).

d) O *Accretion* dos Passivos deve compor a linha de resultado financeiro da companhia, uma vez que se trata de uma despesa financeira, não relacionada à prestação de serviços de seguros.

13. Uma seguradora está avaliando a CSM de um agrupamento de contratos de seguros e está estimando alguns indicadores para análise de sua rentabilidade em IFRS 17. Qual das seguintes decisões **não** se encontra em conformidade com as diretrizes da norma?

a) O Ajuste de Experiência pode ser utilizado como ferramenta para calibrar as projeções realizadas pelos atuários, uma vez que se torna possível identificar possíveis *gaps* entre os montantes projetados e aqueles efetivamente realizados. Uma *Experience Variance* elevada pode indicar uma inconsistência no valor dos lucros futuros registrados na *CSM*.

b) As alterações de premissas atuariais e financeiras necessitam ser destacadas na apuração das reconciliações da CSM. Ao identificar que as premissas não estão consistentes, é recomendável que a empresa revise sua expectativa sobre os lucros futuros, mesmo que isso represente uma eventual redução de CSM.

c) A amortização ou *release* da CSM é reconhecida na demonstração de resultados e não necessita obrigatoriamente ser realizada de forma linear. A liberação da CSM permite que os lucros sejam reconhecidos à medida que há a prestação dos serviços de seguros.

d) Alterações que promovam mudanças nos modelos de cálculo ou correções não necessitam ser destacadas na reconciliação da CSM, pois a governança interna estabelecida pela empresa já possui a finalidade de apontar possíveis falhas ou inconsistências.

CAPÍTULO 4

MODELO DE MENSURAÇÃO – PASSIVO PARA SINISTROS INCORRIDOS

A parcela de Passivos para Sinistros Incorridos (*Liability of Incurred Claims* – LIC) refere-se à projeção do Passivo para cobertura dos sinistros já incorridos nos contratos de seguros. As Provisões de Sinistros correspondem ao dispêndio total estimado que uma Seguradora terá de arcar para indenizar todos os sinistros que tenham ocorrido até ao final do exercício, tenham sido comunicados ou não.

É objetivo do LIC assegurar a solidez financeira da seguradora, devendo, a qualquer instante, ser suficiente para assegurar as responsabilidades pelos sinistros ocorridos, decorrentes dos contratos já firmados. No entanto, por envolver custos futuros, desconhecidos à data da avaliação, torna-se necessário recorrer a estimativas para esses sinistros.

Nessa categoria de Passivos, estão incluídas as Provisões de Sinistros, na IFRS 4 denominadas Provisão de Sinistros a Liquidar (PSL), Provisão para Despesas Relacionadas (PDR) e *Incurred But Not Reported* (IBNR). A PSL tem a finalidade de cobrir sinistros já avisados, mas ainda não liquidados financeiramente, os quais são conhecidos na data-base de avaliação.

O IBNR é composto por dois elementos: o *Incurred But Not Yet Reported* (IBNYR) e o *Incurred But Not Enough Reported* (IBNeR), que, somados, formam a provisão de sinistros incorridos, mas não avisados (IBNR). O IBNYR se relaciona aos sinistros já incorridos, mas ainda não avisados à seguradora. O IBNER representa os sinistros incorridos já avisados à seguradora, mas ainda não suficientemente dimensionados. A implicação imediata, portanto, é a PSL estar superestimada ou subestimada.

Para o cálculo do Passivo para Sinistros Incorridos, as companhias passam a estimar os fluxos de caixas futuros referentes ao desenvolvimento dos sinistros ocorridos na data-base de avaliação, compreendendo todas as provisões de sinistros. Para tal, independentemente do tipo de mensuração utilizada para o produto (BBA, VFA ou PAA), a entidade deverá utilizar a metodologia para cálculo da parcela de LIC mostrada na Figura 4.1.

FIGURA 4.1 Componentes do Passivo para sinistros incorridos (LIC).

Em relação ao Modelo Geral de Mensuração para pacela de *Remaining Coverage*, a parcela de Passivos de LIC traz as seguintes (e principais) diferenças:

- Não existem os componentes CSM e *Loss Component* para LIC. Isso ocorre porque os *cash flows* estimados pela companhia a valor presente, adicionados do Ajuste a Risco, são diretamente contabilizados como um Passivo. Portanto, não há lucro ou prejuízo nesse caso.

- O cálculo da LIC consiste em um fluxo de caixa de saídas futuras, de modo que não há entradas projetadas, com exceção de recuperações, glosas e ressarcimentos de sinistros.

4.1 ESTIMAÇÃO DOS FLUXOS DE CAIXA FUTUROS (PVFCF) – LIC

O conceito de fluxo de caixa para a parcela de LIC consiste no desenvolvimento dos sinistros ocorridos na data-base de avaliação, conhecidos pela companhia ou não, bem como as despesas incorridas com o processo de regulação de sinistro. Nesse contexto, faz-se necessário estabelecer um padrão de pagamento de sinistros de modo a obter uma estimativa de fluxos de caixa futuros referente ao pagamento de sinistros e despesas relacionadas.

Para determinar os *cash flows* (Figura 4.2), a companhia pode desenvolver um triângulo de *run-off* (ou métodos equivalentes) para determinar um padrão de pagamentos para cada portfólio gerenciado sob a égide da IFRS 17. Após a determinação desses padrões de pagamento, estes são aplicados sobre o saldo total das provisões de sinistros (PSL + IBNR + PDR) para determinar um fluxo de caixa de pagamentos futuros (PVFCF).

Para que essa abordagem seja utilizada, é importante que a instituição tenha contabilizado suas provisões de sinistros da IFRS 4 com a visão *Best Estimate*. Dessa forma, é fundamental que sejam realizados exercícios de *backtesting* e testes de consistência para assegurar que as provisões de sinistros estão adequadas, suficientes e alinhadas às boas práticas de mercado.

Essa abordagem também facilita o processamento dos dados, uma vez que, para cada portfólio definido conforme a IFRS 17, a estimativa dos fluxos de caixa deve ser realizada. Assim, pode-se aplicar esse *payment pattern* sobre os saldos de provisões e revisá-los em alguma periodicidade definida (*e.g.*, trimestral).

As técnicas estatísticas atualmente existentes para a estimação do padrão de pagamento de sinistros podem ser divididas em dois grandes grupos: os métodos determinísticos e os modelos estocásticos. Os métodos determinísticos tiveram a sua origem há algumas décadas e costumam ser amplamente utilizados até os dias de hoje, destacando-se como técnica mais conhecida e aplicada o método *Chain Ladder*. Por esse método, são estimados os fatores de desenvolvimento estáticos, os quais serão utilizados para a projeção da informação futura desconhecida.

A utilização do método de *Chain Ladder* para estabelecer um padrão de pagamento de sinistros passa pela disposição do triângulo de *run-off* (Figura 4.3), do qual são obtidos fatores de desenvolvimento de sinistros para cada período de transição, que são utilizados para estimar os Fluxos de Caixa Futuros.

CAPÍTULO 4 | MODELO DE MENSURAÇÃO – PASSIVO PARA SINISTROS INCORRIDOS

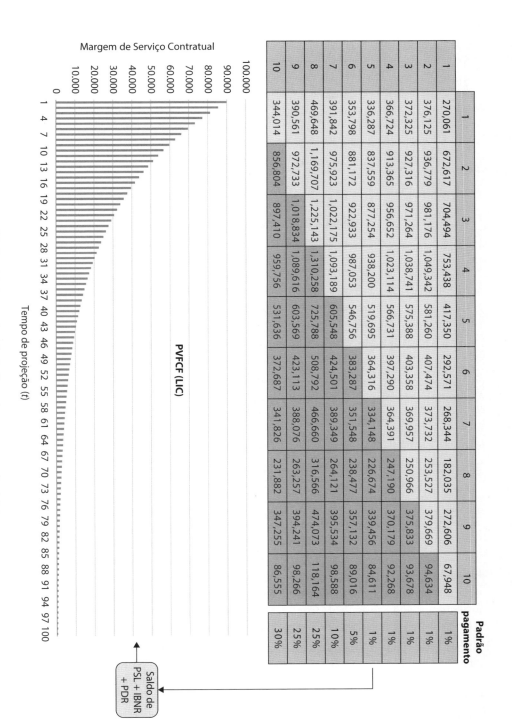

FIGURA 4.2 Determinação de fluxo de pagamento de sinistros.

Período de ocorrência	Período de desenvolvimento								
	0	1	2	...	j	...	$n-1$	n	∞
0	$X_{0,0}$	$X_{0,1}$	$X_{0,2}$	...	$X_{0,j}$	...	$X_{0,n-1}$	$X_{0,n}$	$X_{0,\infty}$
1	$X_{1,0}$	$X_{1,1}$	$X_{1,2}$	...	$X_{1,j}$	...	$X_{1,n-1}$		
2	$X_{2,0}$	$X_{2,1}$	$X_{2,2}$	...	$X_{1,j}$	...			
...	...	...	...	...	...				
i	$X_{i,0}$	$X_{i,1}$	$X_{i,2}$	...					
...	...	...	...						
$n-1$	$X_{n-1,0}$	$X_{n-1,1}$							
n	$X_{n,0}$								

FIGURA 4.3 Exemplo de um triângulo de *run-off*.

Fonte: England e Verrall (2002).

De acordo com a Figura 4.3:

- As quantidades $X_{i,j}$, com $i = \{0, ..., n\}$ e $j = \{0, ..., n\}$, representam os sinistros incorridos.
- Cada linha da matriz representa um "período de ocorrência" de sinistros.
- As colunas correspondem aos "períodos de desenvolvimento", que consistem no *gap* entre a data de ocorrência de um sinistro e a data de seu efetivo pagamento.

A matriz aqui apresentada é a matriz-padrão utilizada no desenvolvimento das técnicas de estimação, possuindo duas estruturas possíveis: uma incremental e outra acumulada. A estrutura incremental corresponde às quantidades observadas no ano de desenvolvimento (j) e no ano de ocorrência (i) e é representada por $X_{i,j}$, com $i = \{0, ..., n\}$ e $j = \{0, ..., n\}$. A estrutura acumulada, representada por $C_{i,j}$, corresponde às quantidades do ano de ocorrência (i), acumuladas até o final do ano de desenvolvimento (j), ou seja, é a soma das quantidades incrementais ($X_{i,j}$) ao longo dos anos de desenvolvimento:

$$C_{i,j} = \sum_{k=0}^{j} X_{i,k}, 0 \leq i \leq n \text{ e } 0 \leq j \leq \infty$$

É necessário notar que o método *Chain Ladder* parte do pressuposto de que existe estacionariedade entre os acontecimentos passados e os que ocorrerão no futuro, uma espécie de réplica futura do passado. Assim, considera que os sinistros acumulados ($C_{i,j}$), de diferentes anos de acidente (i), são independentes, e os coeficientes de desenvolvimento (f_j, $0 \leq j \leq I$) são constantes ao longo dos anos de ocorrência dos sinistros.

Para determinação dos fluxos de caixa futuros, a companhia deverá primeiramente estimar os montantes de sinistros a serem desenvolvidos a partir de seu triângulo de pagamentos estimado com base nos fatores de desenvolvimento de *Chain Ladder*. Assim, é estimado o *Claims Settlement*, ou seja, obtida a estimativa do fluxo nominal (não descontado) de todo o desenvolvimento dos sinistros ocorridos na data-base, até o seu efetivo pagamento (Figura 4.4).

Data de ocorrência (*Accidente Year*)	Período de desenvolvimento (pagamento)													Período projeção (*t*)	*Claims Settlement* estimado
	0	1	2	3	4	5	6	7	8	9	10	11			
jun./2014															
dez./2014												4477	→	jun./2020	34.277
jun./2015											1198	3298	→	dez./2020	32.432
dez./2015										4915	2990	4358	→	jun./2021	25.126
jun./2016									2044	1208	1231	4395	→	dez./2021	25.696
dez./2016								2994	4691	3742	3050	1873	→	jun./2022	24.829
jun./2017							4234	2515	1879	2257	4126	3363	→	dez./2022	18.875
dez./2017						2626	3332	2276	3720	4984	3488	1215	→	jun./2023	14.215
jun./2018					2637	4963	3611	4028	1587	3370	3918	4036	→	dez./2023	11.671
dez./2018				4172	1123	3296	1840	3083	3434	2280	2698	1841	→	jun./2024	7.653
jun./2019			2325	4378	3594	3997	4523	2343	4284	3124	4750	2095	→	dez./2024	5.030
dez./2019		2655	3934	1139	2409	4653	2877	2518	1813	1062	2935	3928	→	jun./2025	3.928

FIGURA 4.4 Estimação do desenvolvimento dos sinistros.

O montante de desenvolvimento futuro de sinistros para cada período (t) estimado será igual à soma de cada diagonal do triângulo de pagamentos. Vale ressaltar que a definição do período de análise dos triângulos pode variar conforme as características do portfólio, com a necessidade de utilização de um período de dados maior para produtos com o período de desenvolvimento de sinistros mais extenso (cauda longa), tais como coberturas de grandes riscos e sinistros judiciais.

Após a determinação do fluxo nominal do desenvolvimento dos sinistros, faz-se necessário aplicar o desconto financeiro, para a determinação do saldo de PVFCF. Assim, desconta-se o fluxo de Passivos a valor presente por uma taxa de desconto (a mesma utilizada para estimar a parcela de LRC).

$$\text{PVFCF}_{\text{LIC}} = \sum_{t=1}^{n} UL_t * \frac{1}{(1+i_t)^t}$$

Em que:

- t = período de projeção do *cash flow*. Observa-se que $t = 0$ refere-se à data-base de mensuração do Passivo, de modo que $t > 0$ são períodos futuros projetados para a realização dos fluxos de caixa;
- n = prazo referente ao período máximo de projeção, cuja extensão deve ser suficientemente grande para comportar o desenvolvimento completo dos sinistros. O número de períodos projetados possui o mesmo tamanho do período de observação, de modo que triângulos com histórico de dados mais extensos possuem maior horizonte de projeção;
- i_t = taxa de juros utilizada para descontar cada período de projeção (t). É classificada como uma taxa *spot* livre de risco, a qual pode ser obtida por um modelo de ETTJ. Caso se utilize o conceito de taxa *forward*, a formulação de desconto deve ser ajustada;
- UL_t = *Ultimate Losses*: projetado a partir do triângulo de pagamentos (*e.g.*, *Chain Ladder*), que consiste nas saídas de fluxos de caixa esperadas ao longo do desenvolvimento dos sinistros, ou seja, o somatório de estimativas de avisos, ajustes, pagamentos e despesas com regulação.

Utiliza-se o mesmo racional das taxas de desconto aplicados na mensuração do Passivo para Cobertura Remanescente (LRC), ou seja, as taxas devem refletir os preços observáveis no mercado para os instrumentos financeiros comercializados e líquidos. Ademais, caso os sinistros sejam atualizados de acordo com um indexador, a *Yield Curve* utilizada deve refletir o índice de atualização correspondente.

O processo de estimação de fluxos de caixa utilizado pelos métodos determinísticos não considera a existência de uma medida de erro de estimação, não quantificando, dessa forma, o grau de incerteza ou a variabilidade das estimativas obtidas. De fato, a aplicação de um método determinístico apenas fornece uma estimativa pontual para a provisão para sinistros.

Ao longo dos últimos anos, notou-se o surgimento de diversos modelos estocásticos, construídos com uma base estatística mais rigorosa, possibilitando, dessa forma, não só a obtenção de estimativas da provisão, mas também a obtenção de medidas de erro associadas a essas estimativas. Tais modelos têm ganhado destaque, devido ao crescente progresso na área computacional.

Apesar da maior dificuldade de implementação e interpretação, existem vantagens claras na utilização dos modelos estocásticos, como a possibilidade da construção de intervalos de confiança para a estimativa do Passivo, facultando estimar a distribuição probabilística. A partir dessa distribuição empírica, é possível determinar um valor para a LIC, bem como extrair medidas de probabilidade para a insuficiência das provisões técnicas, o que será importante para a determinação de um Ajuste a Risco, conforme abordado mais adiante.

4.1.1 AVALIAÇÃO SUBSEQUENTE

Tal como na estimativa de PVFCF para a parcela de *Remaining Coverage*, os fluxos de caixa futuros de LIC estimados para o desenvolvimento de sinistros incorridos seguem o mesmo padrão de avaliação subsequente. A partir do padrão esperado de pagamentos de sinistros, é estimado o componente de PVFCF para a parcela de LIC, a qual deverá ser decomposta em alguns movimentos ocorridos com o Passivo ao longo do horizonte de análise.

Após a modelagem financeira e a projeção dos fluxos de caixa, os sistemas atuariais devem ser capazes de gerar o *roll foward* descrito na Figura 4.5.

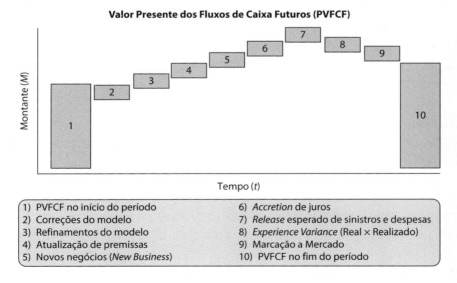

FIGURA 4.5 Reconciliação dos movimentos de PVFCF LIC.

Cada um dos movimentos apresentados deverá originar um lançamento contábil na IFRS 17, o que deverá implicar uma maior complexidade no processo de operacionalização dos cálculos e a integração entre *feeder systems*, sistemas atuariais e sistemas contábeis. A seguir, são evidenciados cada um dos movimentos necessários ao *roll forward*:

- **PVFCF no início do período**: a partir do padrão de desenvolvimento dos sinistros, é possível determinar o saldo de PVFCF ao início do período de análise, o qual deve ser igual ao saldo de fechamento da data-base anterior. Conceitualmente, essa componente reflete as provisões de sinistros em uma visão *Best Estimate*, ou seja, o montante a ser alocado pela companhia, a valor presente, para fazer frente aos custos totais dos sinistros e despesas relacionadas ocorridos (conhecidos ou não).

- **Correções de modelo**: eventualmente, a instituição poderá identificar distorções em seus modelos de projeção de fluxos de caixa (*e.g.*, seleção incorreta de fatores de desenvolvimento de sinistros), ensejando a necessidade de efetuar correções ou um *restatement*, que consiste em reprocessar o resultado do fechamento anterior considerando a alteração do modelo. Em outras palavras, isso representa o que seria "o valor de partida" do PVFCF, tendo em vista as devidas correções.

- **Refinamento dos modelos**: de maneira similar ao item anterior, porém se referindo a melhorias aplicadas aos modelos (*e.g.*, implementação de um método mais sofisticado para determinar os padrões de pagamento) em vez de uma inconsistência.

- **Atualização de premissas**: o saldo de PVFCF pode ser alterado devido a mudanças nas premissas de projeção. Porém, vale ressaltar que há uma menor quantidade de premissas para estimação da parcela de LIC. Qualquer possível mudança futura nos *Cash Flows* em virtude de alteração das premissas inicialmente adotadas deve estar evidenciada nessa linha de P&L.

- **Novos negócios**: no que tange à parcela de LIC, o conceito de *new businesses* refere-se aos novos sinistros incorridos ao longo do período de avaliação, os quais deverão ser segregados. Em termos práticos, parte-se do saldo descrito na etapa anterior, atualizando-o com o saldo de PVFCF calculado para os *new businesses*.

- ***Accretion* de juros**: despesa financeira lançada em resultado referente à atualização do Passivo (PVFCF) pela taxa de juros, isto é, trata-se da capitalização financeira do Passivo ao longo do período de acordo com a *Locked In Rate* (LIR). A LIR é igual à taxa de desconto vigente à época da ocorrência do sinistro, independentemente do patamar da taxa de juros real de mercado vigente na data-base. Um ponto importante a ser destacado é o nível de complexidade para cálculo de *Accretion* para a parcela de LIC, visto que, para cada *Accident Year*, avaliado nos triângulos de *run-off*, haverá uma *Locked In Rate* distinta.

- ***Release* esperado de sinistros e despesas**: como o fluxo de caixa é projetado em uma visão de *run-off*, passando-se "*n*" meses entre as datas de avaliação, deve-se realizar uma parcela de PVFCF equivalente ao montante de pagamento de sinistros e despesas relacionadas projetadas por meio do modelo de projeção de fluxo de caixa.

- **Experience variance**: essa linha de P&L indica a diferença entre o montante projetado e realizado (*actuals*) de pagamentos de sinistros e despesas, de modo que a *Experience Variance* tende a ser menor à medida que o modelo possui melhor capacidade de previsão. Em termos práticos, calcula-se o *release* de PVFCF (estimativa de pagamentos de fluxo de caixa) e compara-se com os fluxos reais observados no mesmo período (*e.g.*, sinistros e despesas efetivamente pagos que constam nos sistemas operacionais). A diferença entre as parcelas é denominada *Experience Variance*.

- **Marcação a mercado**: impacto sobre o PVFCF devido à atualização da taxa de desconto vigente na data-base, ou seja, o efeito de Marcação a Mercado (MtM) sobre os Passivos. Portanto, caso haja uma abertura da curva de juros utilizada para desconto dos fluxos, o efeito é de uma redução no saldo de PVFCF, cuja intensidade dependerá da sensibilidade do Passivo à variação nas taxas de juros (*duration* e convexidade). Esse efeito pode ser lançado em resultado ou OCI, a depender da estratégia de alocação dos Ativos da companhia. Vale ressaltar que os produtos (*e.g.*, grandes riscos) com cauda de desenvolvimento mais longa, ou seja, um período maior de *claims settlement*, tendem a possuir maior sensibilidade à variação de taxa de juros.

- **Saldo de PVFCF ao fim do período**: saldo estimado após a discriminação de todas as movimentações. Conceitualmente, a soma de todos os itens anteriores forma o saldo final de PVFCF a ser contabilizado no Passivo da companhia.

Um ponto importante a se notar no processo de avaliação do Passivo para sinistros incorridos é o fato de que as demonstrações dos movimentos da rubrica de PVFCF são bastante similares àquelas dispostas na modelagem dos Passivos para cobertura remanescente. Cabe destacar alguns aspectos importantes na avaliação desses Passivos:

- A IFRS 17 permite alguma simplificação, segundo a qual a companhia poderá adotar a prerrogativa de não aplicar o desconto sobre os fluxos de caixa de Passivos. Essa simplificação é permitida somente se a empresa demonstrar que o período de desenvolvimento dos sinistros (entre a ocorrência e sua liquidação) é inferior ao período de 1 ano.

- O cálculo do PVFCF deve ser aplicado sobre os mesmos portfólios e UoA estabelecidos para a parcela de LRC, definidos para a gestão da companhia na IFRS 17. Dessa forma, o agrupamento utilizado deverá observar o conceito de riscos similares, de modo que os produtos com características de padrão de pagamento distintos estejam dispostos em UoA separadas.

- O método de seleção de fatores de desenvolvimento deverá ser posto à prova utilizando métodos que permitam estimar a *Experience Variance*, pois as seleções de fatores distantes da realidade da companhia irão gerar um maior Ajuste de Experiência a ser evidenciado no P&L.

> ## DICAS E CASOS PRÁTICOS

- Independentemente do tipo de modelo a ser utilizado pela companhia para mensuração dos Passivos para LRC (cobertura remanescente), a parcela de LIC deverá ser estimada por meio de um fluxo de caixa futuro descontado, a menos que haja a aplicação da simplificação para produtos com *claims settlement* inferiores a 1 ano. Dessa forma, a companhia poderá obter um benefício em relação ao atual modelo da IFRS 4, constituindo uma provisão menor ao descontar seus Passivos por uma taxa de mercado.

- Caso a empresa adote a estratégia de reduzir o custo de implementação da IFRS 17 e os esforços operacionais para implementação da norma, poderá utilizar a prerrogativa da flexibilização do desconto dos fluxos de caixa. No entanto, devido à característica de judicialização do mercado brasileiro, com a relevância de sinistros judiciais de lento desenvolvimento, pode ser necessária a modelagem segregada de sinistros administrativos e judiciais (desde que haja massa suficiente para o desenvolvimento do padrão de pagamento).

- O método de *Chain Ladder* é um dos modelos mais tradicionais aplicados por atuários ao redor do mundo para estimativa do desenvolvimento dos sinistros incorridos. Entretanto, a instituição pode avaliar a aplicação de outros modelos de projeção para determinar seus fluxos de caixa (*e.g.*, Método de Mack, Log Linear de Kramer, Bonheutter-Ferguson, *Bootstrapping* entre outros), avaliando o custo-benefício entre o nível de complexidade da modelagem e os resultados de *Experience Variance* gerados pelos diferentes métodos.

- A necessidade de decompor as *Taxas Locked In* para cada *Accident Year* dos sinistros incorridos irá demandar das empresas um sistema integrado que seja capaz de armazenar e controlar as taxas a serem aplicadas para cálculo do *Accretion* do Passivo. Quanto maior o triângulo, melhor tende a ser a assertividade do modelo (*e.g.*, modelagem do desenvolvimento dos sinistros judiciais de longa data). Porém, também será maior a complexidade do controle e cálculo da capitalização sobre o Passivo de LIC.

- Existe uma sinergia entre os requerimentos da IFRS 17 e o atual processo de provisionamento das companhias brasileiras, pois o nível de exigência colocado pela SUSEP e por auditorias atuariais para a elaboração das projeções de sinistros incorridos demandam a suficiência dos cálculos das provisões de sinistros, bem como a qualidade dos dados reportados nos registros oficiais da companhia. É fundamental que a entidade aplique controles de *Data Quality* para assegurar que possíveis inconsistências (*e.g.*, sinistros fora da vigência) sejam mapeadas e não onerem as projeções realizadas de forma materialmente relevante.

4.2 AJUSTE AO RISCO NÃO FINANCEIRO – LIC

Conforme abordado previamente nos modelos de mensuração BBA e VFA para cobertura remanescente (LRC), o Ajuste ao Risco não financeiro consiste em uma compensação que a companhia exige em relação à incerteza inerente à realização de seus fluxos de caixa futuros. Pelo fato de o PVFCF ser uma estimativa do fluxo de pagamentos de sinistros incorridos na data-base para a parcela de LIC, existe uma incerteza associada ao padrão de desenvolvimento desses sinistros.

Nesse sentido, cabe ressaltar que a definição de um *Risk Adjustment* para a parcela de sinistros incorridos (LIC) tem a finalidade de designar uma parcela do Passivo para a cobertura de um potencial risco de provisão. Essa cobertura deve refletir a probabilidade de que o Passivo para sinistros incorridos constituído pela companhia não seja suficiente para fazer frente ao desenvolvimento futuro desses sinistros. Trata-se do risco de o montante de PVFCF estimado não cobrir o custo total dos sinistros já ocorridos. Em outras palavras: reflete a probabilidade de desenvolvimento adverso dos sinistros (Figura 4.6).

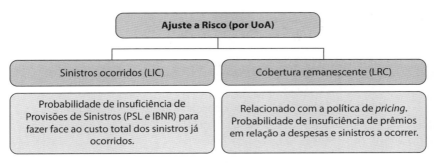

FIGURA 4.6 Comparação entre o *Risk Adjustment* para as parcelas de LIC e LRC.

Para a parcela de LIC, o nível de alocação de Ajuste a Risco está diretamente associado às características dos sinistros decorrentes dos produtos que compõem cada carteira. Ou seja, **portfólios que possuem um desenvolvimento de sinistros mais lento, cauda mais pesada ou maior *duration*** tenderão a possuir maior exposição ao risco de sinistros agregados materializados para além do esperado.

QUADRO 4.1 Principais *drivers* do *Risk Adjustment* – LIC

Maior *Risk Adjustment*	Menor *Risk Adjustment*
• Produtos com prazo de regulação de sinistros mais longo • Contratos com *duration* mais elevada e padrão de pagamento mais demorado (*e.g.*, crédito) • Produtos mais heterogêneos, com maior variabilidade no valor da importância segurada (*e.g.*, habitacional) • Distribuição de dados mais esparsa	• Produtos com prazo de regulação de sinistros mais curto • Contratos com *duration* mais baixa e padrão de pagamento mais curto (*e.g.*, odontológico) • Produtos mais homogêneos, com menor variabilidade no valor da importância segurada (*e.g.*, acidentes pessoais) • Distribuição de dados mais centrada em torno da média

Conceitualmente, o saldo de PVFCF constituído para a parcela de LIC é uma esperança matemática para a perda esperada referente aos sinistros incorridos na data-base de avaliação, enquanto o *Risk Adjustment* representa um desvio em relação a essa estimativa da média. Assim, o desenvolvimento dos sinistros é uma variável aleatória, cujo parâmetro da esperança estatística é representado pelo PVFCF estimado (Figura 4.7).

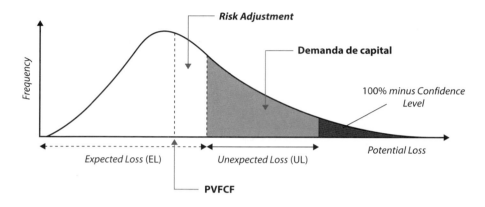

FIGURA 4.7 Distribuição de probabilidade dos sinistros incorridos.

Fonte: Adaptado de Wiser, Cockley e Gardner (2001).

Para a formação da expectativa da realização futura dos fluxos de caixa da companhia referente aos sinistros incorridos, a empresa pode utilizar um método determinístico (*e.g.*, *Chain Ladder*). No entanto, a modelagem de um Ajuste ao Risco necessariamente demanda o desenvolvimento de modelos estatísticos para determinação da distribuição do desenvolvimento dos sinistros. Assim, a média dessa distribuição de probabilidade deve apresentar convergência com o saldo de PVFCF estimado por meio do método determinístico em uma visão de Passivo *Best Estimate*.

$$\text{PVFCF}_{\text{LIC}} = E\left[\sum_{t=1}^{n} UL_t * \frac{1}{(1+i_t)^t}\right]$$

Em que:

- $\text{PVFCF}_{\text{LIC}}$ = montante de PVFCF para LIC, determinado pela aplicação de um método determinístico;

- $E\left[\sum_{t=1}^{n} UL_t * \frac{1}{(1+i_t)^t}\right]$ = Valor Esperado ou Esperança Matemática da distribuição de probabilidade da variável aleatória PVFCF.

Tal como a parcela de LRC, as diretrizes da IFRS 17 não são explícitas quanto aos métodos a serem aplicados para a determinação do Ajuste a Risco para a parcela de LIC.

A metodologia de Custo de Capital para LIC é similar à parcela de LRC, com a diferença de que se aplica um CoC sobre a Demanda de Capital referente ao risco de provisão. Inicialmente, calcula-se o capital econômico da companhia calibrado a determinado nível de confiança (*e.g.*, 99,5%) para a categoria de risco de provisão e, sobre esse montante de capital, aplica-se uma premissa de custo de capital.

$$RA = CoC * EC_{PROV}$$

Em que:

- CoC = premissa de Custo de Capital incorrido na operação. Uma *proxy* para essa premissa pode ser a diferença entre a rentabilidade mínima exigida pelo acionista (*RoE*) e a taxa livre de risco (*CDI*), de modo que, quanto maior for a taxa livre de risco em relação à rentabilidade do negócio, maior tende a ser o Custo de Capital;

- EC_{PROV} = Capital Econômico alocado pela companhia para cobertura do risco de provisão, ou seja, demanda de capital calculada pela empresa por meio de seu modelo interno para determinar o nível de alocação de capital para cobrir o risco do desenvolvimento adverso de sinistros.

A utilização do método estocástico é feita ao gerar empiricamente a distribuição de probabilidade da variável aleatória $PVFCF_L$, determinando-se um percentil da distribuição empírica (*e.g.*, 70%) como o Ajuste ao Risco. Algumas técnicas podem ser utilizadas, tais como **Modelo de Mack**, **Poisson com Sobredispersão**, **Técnica de Bootstrap**, entre outras.

Pelo método estocástico (Figura 4.8), o saldo de PVFCF passa a ser uma variável aleatória, cuja distribuição de probabilidade é gerada a partir de múltiplas estimativas obtidas pela aplicação dos processos descritos anteriormente. Assim, é possível obter percentis de PVFCF, originados de simulações estocásticas dos fatores de desenvolvimento de sinistros, para definição do *Risk Adjustment*.

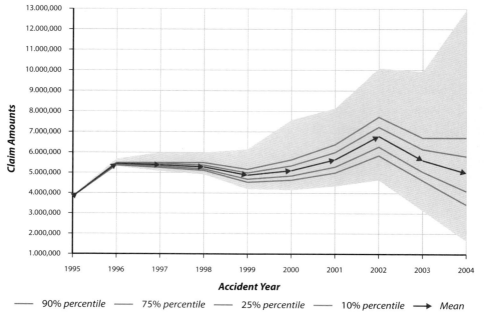

FIGURA 4.8 Método estocástico – seleção de fatores de desenvolvimento.

O modelo estocástico de **Poisson com Sobredispersão** considera que os montantes incrementais de sinistros dispostos em um triângulo de *run-off* são variáveis aleatórias independentes, com as seguintes características:

- $X_{i,j} \sim ODP(\mu_{i,j}, \phi_j)$, OPD = "Over Dispersion" Poisson

- $E\left[X_{i,j}\right] = \mu_{i,j} = D_{i,j}$

- $V\left[X_{i,j}\right] = \phi_j \mu_{i,j}$

Dessa forma, faz-se necessário calcular um estimador para os montantes incrementais da parte inferior do triângulo de desenvolvimento. Esse modelo pode considerar os fatores de desenvolvimento ponderados calculados pelo método *Chain Ladder* como estimadores de máxima verossimilhança do valor esperado dos montantes incrementais de sinistros.

Após o cálculo dos fatores de desenvolvimento λ_j para os períodos de ocorrência $j = \{0, 1, 2, ..., n\}$ e períodos de desenvolvimento $i = \{0, 1, 2, ..., n\}$, pode-se estimar o triângulo incremental de sinistros ajustado, de modo que todo registro $D_{i,j} = \mu_{i,j}$ será o valor estimado dos montantes incrementais com base nos fatores de desenvolvimento estimados:

$$D_{i,j} = \frac{X_{i,j}}{\prod_{m=j}^{I-i-1} \lambda_j}, 0 \leq j \leq n-i-1$$

O **Modelo de Poisson com Sobredispersão** incorpora um parâmetro de escala ϕ_j. A utilização do parâmetro de escala funciona como o parâmetro de dispersão σ^2 do modelo de *Mack* e representa a variabilidade dos dados incrementais. Por meio do cálculo do erro de predição do modelo, é possível determinar percentis em relação à estimativa central, permitindo a operacionalização do cálculo de Ajuste a Risco para a parcela de LIC.

$$\phi_j = \frac{\sum_{i=1}^{n_j} \left(\sqrt{\left(\frac{N}{N-P} \right)} r_{i,j} \right)^2}{n_j}$$

Em que:

- ϕ_j = parâmetro de escala variável, conforme a coluna (j) dos montantes incrementais de sinistros;

- $\dfrac{N}{N-P}$ = fator de correção de viés, para automaticamente considerar os "graus de liberdade";

- $r_{i,j}$ = resíduos de Pearson para o ano de desenvolvimento (i) e período de desenvolvimento (j);

- n_j = número de resíduos no período de desenvolvimento (j).

O método estocástico *Bootstrap* costuma ser amplamente empregado para gerar cenários estocásticos de reservas de sinistros. Assim, trata-se de outra alternativa para gerar empiricamente a distribuição de probabilidade da variável aleatória $PVFCF_L$ e definir o *Risk Adjustment* para a parcela de LIC, conforme o nível de confiança determinado pela companhia.

Essa metodologia baseia-se na geração de amostras aleatórias com reposição, via Método de Monte Carlo, e sua grande vantagem é a estimação não apenas de erros de previsão e intervalos de confiança, mas principalmente da obtenção da distribuição probabilística subjacente. Dispondo da distribuição estimada, é possível estimar medidas específicas de interesse, sendo a principal a medida quantílica de insuficiência de capital (Valor em Risco – VaR), a partir do qual pode conduzir a companhia à ruína.

O *Bootstrap* se inicia com uma reamostragem dos resíduos de replicações de triângulos de *run-off*. Esses resíduos são conhecidos como resíduos de Pearson, que são redistribuídos de forma aleatória de modo a construir um triângulo de pseudodados, que será designado **pseudotriângulo**. Os elementos desse triângulo serão chamados $D^{BS}_{i,j}$ e determinados da seguinte forma:

$$D_{i,j}^{BS} = r^*_{i,j} * \sqrt{\phi_j D_{i,j} + D_{i,j}}$$

Ao **pseudotriângulo** são novamente aplicados fatores de desenvolvimento λ_{ij}, determinando, assim, uma estimativa das perdas futuras denominada PseudoPVFCF (^{PSD}PVFCF$_t$). Com uma quantidade suficientemente grande de repetições do processo, obtêm-se várias estimativas de PseudoPVFCF, com as quais é estimada a distribuição empírica, com ampla diversidade de cenários possíveis. Dispondo dessa distribuição, é possível obter estimativas de intervalos de confiança e erros-padrão para a variável aleatória PVFCF$_{LIC}$, além de medidas quantílicas.

Após processar as *"n"* iterações, a perda esperada será a média entre todas os PseudoPVFCF. Por fim, ao escolher um percentil de qualquer ordem, o Ajuste ao Risco para a parcela de LIC pode ser calculado pela diferença entre o valor do quantil associado ao percentil escolhido para ^{PSD}PVFCF$_{LIC}$ e sua estimativa central:

$$RA_{LIC} = {}^{PSD}PVFCF_{LIC} \ (VaR) - E[{}^{PSD}PVFCF_{LIC}]$$

Em que:

- ^{PSD}PVFCF$_{LIC}$ *(VaR)* = *Value at Risk*, isto é, Perda Máxima Esperada (PVFCF + *Risk Adjustment*) sob condições normais de mercado a que a companhia está exposta, correspondente ao montante de PVFCF para o percentil selecionado (*e.g.*, 99,5%);
- $E\ [{}^{PSD}$PVFCF$_{LIC}]$ = estimativa central dos valores de PseudoPVFCF$_{LIC}$, ou seja, valor esperado segundo a técnica de *Bootstrap* para o Valor Presente dos Fluxos de Caixa Futuros contabilizado no Passivo.

Para cálculo do *Risk Adjustment* é permitido utilizar o efeito da correlação entre diferentes portfólios, de modo que a determinação do Ajuste a Risco para a companhia em *Entity Level* não é igual à soma algébrica direta do Ajuste ao Risco de cada carteira. Isso ocorre pois a entidade pode usufruir de um benefício de diversificação de riscos ao compor carteiras com diferentes características. A consolidação matemática do *Risk Adjustment* – matriz correlação – é representada da seguinte forma:

$$RA_{EL} = \sqrt{[RA_1 \ ... \ RA_N] \begin{bmatrix} \begin{pmatrix} \rho_{11} & \cdots & \rho_{1N} \\ \cdot & \cdot & \cdot \\ \cdot & \cdot & \cdot \\ \rho_{N1} & \cdots & \rho_{NN} \end{pmatrix} \end{bmatrix} \begin{bmatrix} RA_1 \\ \cdot \\ \cdot \\ RA_N \end{bmatrix}}$$

Em que:

- RA_i = *Risk Adjustment* do portfólio *i*, calculado de acordo com a abordagem adotada;
- RA_{EL} = *Risk Adjustment* consolidado a *Entity Level*;
- $\rho_{ij} = \dfrac{\text{cov}(i,j)}{\sigma_i * \sigma_j}$ = Correlação linear entre os portfólios *i* e *j*.

CAPÍTULO 4 | MODELO DE MENSURAÇÃO – PASSIVO PARA SINISTROS INCORRIDOS **99**

Utilizando uma matriz de correlação linear, é possível determinar a relação entre o padrão de pagamento de sinistros de diferentes portfólios. Há, na literatura acadêmica, outras técnicas mais gerais que permitem capturar a interação (não linear de variáveis (*e.g.*, Teoria das Cópulas).

QUADRO 4.2 Exemplos de matriz de correlação entre portfólios

	Portfólio 1 – Empresarial	Portfólio 4 – Dotal Riscos	Portfólio 3 – Habitacional	Portfólio 4 – Dotal Misto
Portfólio 1 – Empresarial	1,000	0,600	0,250	0,750
Portfólio 2 – Grandes Riscos	0,500	1,000	0,250	0,250
Portfólio 3 – Habitacional	0,250	0,250	1,000	0,250
Portfólio 4 – Dotal Misto	0,750	1,000	0,250	1,000

ESTUDO DE CASO

A companhia Monti Seguros S.A. irá efetuar o cálculo do Ajuste ao Risco para Sinistros Incorridos (LIC) de seu portfólio de Seguro de Crédito e, posteriormente, mensurar toda a sua carteira de Passivos conforme a IFRS 17. A seguir, são destacadas as principais informações e fatos relevantes sobre a companhia para a divulgação de suas demonstrações financeiras:

- A empresa dispõe de uma base analítica com o histórico de 7 anos de sinistros incorridos, com as informações do valor de sinistro pago (líquido de recuperações de crédito), data de ocorrência e data de pagamento.

- Após a aplicação de seu modelo de projeção financeira, o departamento atuarial calculou um PVFCF no valor de R$ 100 milhões na data-base de cálculo.

- O atuário deseja utilizar o método estocástico de *Bootstrap* com a utilização de fatores de desenvolvimento definidos em seu método determinístico de *Chain Ladder*.

- O *Confidence Level* (percentil) a ser utilizado para o método estocástico é de 80%.

- A empresa também possui um portfólio de seguro residencial, cujo *Risk Adjustment* para a parcela de LIC, na data-base de avaliação, é igual a R$ 20 milhões.

- A correlação entre os portfólios de seguro residencial e seguro de crédito é igual a 0,50.

Inicialmente, a companhia aplicou o modelo de *Chain Ladder* para avaliar o padrão de pagamento de sinistros, a partir da base analítica disponível de sinistros incorridos, disposta em um triângulo de *run-off* com os sinistros alocados por data de ocorrência e pagamento. É importante que haja um processo de *Data Quality* para assegurar a consistência dos arquivos de sinistros utilizados para a cálculo do *Risk Adjustment*, os quais podem distorcer sobremaneira as estimativas (Tabela 4.1).

TABELA 4.1 Triângulo incremental de sinistros

	0	1	2	3	4	5	6	7	8	9	10	11	12	13	14
2013 – 06	34.645	45.159	51.093	36.181	34.251	56.505	50.607	58.616	79.886	76.837	35.454	33.793	69.290	54.187	51.605
2013 – 12	44.403	42.660	45.743	78.650	47.255	72.261	44.437	71.295	34.983	35.888	67.733	34.911	46.663	53.694	58.756
2014 – 06	65.767	40.806	74.152	72.982	74.538	35.608	42.481	62.505	43.059	72.874	31.389	35.627	72.975	37.964	61.051
2014 – 12	42.518	41.664	53.087	59.392	60.357	38.447	59.538	55.243	53.262	78.719	54.593	52.464	55.528	52.979	38.371
2015 – 06	41.561	73.567	38.782	48.668	59.734	36.367	74.057	47.894	70.472	58.288	45.424	51.726	78.089	70.425	49.382
2015 – 12	58.527	48.123	52.531	69.629	78.602	74.373	34.187	40.757	74.374	75.548	55.133	47.249	78.042	58.327	69.289
2016 – 06	61.094	45.539	71.813	55.641	42.716	77.227	54.472	57.351	53.042	51.129	44.177	70.584	44.648	66.194	55.144
2016 – 12	35.777	68.594	55.019	71.812	54.566	78.460	69.935	50.885	45.585	45.439	35.933	36.539	62.584	50.079	33.577
2017 – 06	58.922	33.285	42.875	47.823	61.836	34.094	49.151	46.978	35.787	68.987	63.996	58.618	43.914	79.091	71.410
2017 – 12	61.813	72.700	57.244	33.672	68.237	46.420	41.464	37.872	63.298	30.383	78.105	74.349	66.590	70.080	30.663
2018 – 06	68.057	52.179	34.561	77.271	58.733	35.633	76.362	77.817	63.749	52.370	76.538	46.146	64.138	72.605	31.441
2018 – 12	76.743	78.930	75.514	76.785	41.538	42.945	77.889	71.504	47.819	76.592	45.034	52.901	68.403	69.210	58.082
2019 – 06	63.626	46.117	49.741	48.928	48.637	71.187	39.126	52.760	47.091	68.779	57.255	64.526	63.727	30.586	57.733
2019 – 12	57.976	64.521	71.816	60.586	37.674	64.914	45.079	33.871	77.339	34.208	50.475	52.670	61.184	32.524	30.151

TABELA 4.2 Seleção de fatores de desenvolvimento pelo método de *Chain Ladder*

	0	1	2	3	4	5	6	7	8	9	10	11	12	13	*Ultimate*	Reserva
2013 – 06	45.268	116.687	176.565	254.930	331.565	371.015	430.161	504.415	549.454	597.748	657.508	724.083	755.696	803.882	803.882	–
2013 – 12	77.812	144.383	203.413	248.389	300.466	341.281	401.962	434.315	471.259	514.353	583.941	655.345	722.472	768.540	768.540	46.068
2014 – 06	57.130	93.996	146.622	200.953	247.690	319.554	357.569	411.342	464.230	534.566	600.568	663.230	710.704	756.021	756.021	92.791
2014 – 12	50.635	86.686	117.645	196.305	229.291	298.403	344.459	386.081	451.478	524.678	558.305	619.118	663.435	705.738	705.738	147.433
2015 – 06	48.484	128.322	176.219	252.762	310.040	349.739	413.205	444.304	507.091	565.733	625.392	693.512	743.154	790.541	790.541	224.808
2015 – 12	46.671	105.210	167.314	207.006	280.242	325.646	382.136	431.195	493.475	552.762	611.053	677.611	726.115	772.415	772.415	278.940
2016 – 06	38.590	80.472	118.082	174.095	223.822	268.448	331.890	377.002	423.965	474.901	524.981	582.165	623.836	663.614	663.614	286.612
2016 – 12	78.612	116.694	195.013	240.276	310.554	343.504	373.508	419.439	471.688	528.357	584.075	647.695	694.057	738.313	738.313	364.805
2017 – 06	35.559	86.226	163.318	235.919	294.654	326.409	378.446	424.983	477.924	535.342	591.796	656.257	703.232	748.073	748.073	421.664
2017 – 12	58.231	97.817	155.829	202.140	241.800	281.554	326.439	366.582	412.247	461.775	510.471	566.074	606.594	645.272	645.272	403.472
2018 – 06	45.285	121.093	185.670	247.321	309.616	360.519	417.993	469.394	527.867	591.285	653.639	724.836	776.720	826.247	826.247	578.926
2018 – 12	73.503	135.604	200.831	273.615	342.532	398.847	462.432	519.298	583.987	654.147	723.130	801.897	859.297	914.089	914.089	713.258
2019 – 06	71.645	136.401	208.417	283.950	355.471	413.913	479.900	538.914	606.046	678.857	750.446	832.188	891.756	948.618	948.618	812.217
2019 – 12	61.711	122.976	187.904	256.003	320.484	373.174	432.666	485.872	546.397	612.042	676.584	750.280	803.986	855.251	855.251	793.540

	0	1	2	3	4	5	6	7	8	9	10	11	12	13
Fk	1,99277	1,52797	1,36241	1,25188	1,16441	1,15942	1,12297	1,12457	1,12014	1,10545	1,10892	1,07158	1,06376	1,00000
∏Fk	6,95462	4,55153	3,34079	2,66862	2,29183	1,97670	1,76024	1,56526	1,39737	1,26407	1,13991	1,06376	1,00000	1,00000

Após a construção dos triângulos de *run-off*, é possível determinar os fatores de desenvolvimento de sinistros da carteira. Nesse caso, a companhia optou por utilizar como critério de seleção a média ponderada dos fatores de desenvolvimento observados nos últimos 36 meses (Tabela 4.2).

A etapa seguinte realizada pela companhia é a obtenção dos resíduos de Pearson (Tabela 4.3), que consistem na diferença entre os valores de sinistros incrementais projetados usando os fatores de desenvolvimento selecionados e os montantes incrementais ocorridos. Ou seja:

$$r_{i,j} = \frac{X_{i,j} - D_{i,j}}{\sqrt{D_{i,j}}}$$

Em que:

- $r_{i,j}$ = resíduo de Pearson calculado para o período de ocorrência (i) e pagamento (j);
- $X_{i,j}$ = montante de sinistro incremental observado para o período de ocorrência (i) e pagamento (j);
- $D_{i,j}$ = $\mu_{i,j}$, que consiste no valor estimado dos montantes incrementais com base nos fatores de desenvolvimento estimados para o período de ocorrência (i) e pagamento (j).

O Método *Bootstrap* baseia-se na geração de múltiplas repetições a partir de uma amostra inicial por meio de simulações, permitindo a obtenção de resultados com boas propriedades estatísticas, dentre as quais se podem destacar consistência e ausência de viés.

Essa técnica foi utilizada pela companhia em associação com o método determinístico de *Chain Ladder* (aplicado para determinação dos fatores de desenvolvimento), de modo que as estimativas obtidas e as medidas de variabilidade podem ser determinadas usando o *Bootstrap*.

Após calcular o triângulo dos resíduos de Pearson, aleatoriza-se o resultado por meio do Método de Monte Carlo. A Tabela 4.4 mostra uma possível realização de resíduos padronizados.

Posteriormente, utilizando aquele triângulo de resíduos aleatorizados, construiu-se um Triângulo de PseudoPVFCF$_{LIC}$, em escala original (Tabela 4.5).

TABELA 4.3 Triângulo dos resíduos de Pearson

	0	1	2	3	4	5	6	7	8	9	10	11	12	13
2013 – 06	47,27	−7,54	−24,47	0,60	61,17	−95,20	46,63	−47,63	−42,53	−10,86	21,89	120,26	−61,54	0,00
2013 – 12	−33,18	48,32	113,14	4,23	−107,42	−104,37	29,42	−15,27	−25,60	70,37	27,33	−64,83	61,69	
2014 – 06	−21,28	38,93	49,84	81,66	−17,58	22,70	−23,92	−55,47	70,92	−68,86	−38,47	−57,28		
2014 – 12	90,48	43,50	−54,05	−56,26	22,64	50,59	−82,51	31,85	19,47	−53,24	−12,32			
2015 – 06	37,51	66,63	−80,02	−30,18	−16,21	58,33	−113,28	90,68	−64,43	59,67				
2015 – 12	−44,09	−27,87	31,48	−21,60	−86,21	46,86	89,75	−39,99	45,54					
2016 – 06	−71,46	−83,58	−27,14	−58,86	77,01	101,90	24,14	39,41						
2016 – 12	−61,77	78,18	−23,22	−58,52	107,44	−80,74	32,84							
2017 – 06	94,84	−82,39	−6,30	63,60	−70,86	7,20								
2017 – 12	−71,47	−18,02	81,21	−32,26	42,73									
2018 – 06	33,75	−64,72	−69,00	99,86										
2018 – 12	−66,78	63,41	−0,80											
2019 – 06	60,04	−56,35												
2019 – 12	0,00													
σj	60	60	59	58	73	75	69	55	53	64	31	105	87	87

TABELA 4.4 Possível realização dos resíduos pelo Método *Bootstrap*

	0	1	2	3	4	5	6	7	8	9	10	11	12	13
2013 – 06	-0,55	0,83	-0,78	1,52	-1,62	-0,03	-0,62	0,66	0,88	-0,55	0,37	1,52	0,44	1,52
2013 – 12	0,74	-1,62	0,64	0,94	0,94	-0,55	0,19	-1,40	0,19	-0,19	0,25	0,83	-1,25	
2014 – 06	0,93	0,44	0,25	-0,37	1,60	0,46	-0,95	0,07	-0,46	0,07	-0,17	1,60		
2014 – 12	-0,15	0,98	1,71	0,07	-0,55	-1,24	0,86	-1,40	0,46	-0,63	0,19			
2015 – 06	-0,59	-1,01	-0,19	-1,25	1,71	-0,46	-0,77	-0,15	-0,24	-1,62				
2015 – 12	-0,95	-0,55	1,14	0,25	0,64	-0,59	-0,77	-0,55	-0,62					
2016 – 06	-1,25	-0,18	1,60	-1,25	-0,37	1,71	0,74	-0,17						
2016 – 12	-0,91	0,37	0,37	-1,62	-1,01	-1,35	0,37							
2017 – 06	0,01	-0,24	0,83	0,44	-1,35	-1,75								
2017 – 12	0,46	-0,63	0,25	1,14	0,19									
2018 – 06	0,64	0,37	0,93	-0,17										
2018 – 12	-1,62	-1,25	1,14											
2019 – 06	0,44	1,71												
2019 – 12	-1,40													

TABELA 4.5 *Bootstrap – simulação de um pseudotriângulo em escala original*

	0	1	2	3	4	5	6	7	8	9	10	11	12	13	Ultimate	Reserva
2013 – 06	49.529	97.943	142.152	199.082	239.476	312.575	379.329	441.387	478.379	521.226	590.476	654.076	729.195	773.857	773.857	-
2013 – 12	63.157	146.113	193.773	235.379	282.659	351.022	424.502	490.130	507.793	560.515	613.573	684.432	755.934	802.233	802.233	46.299
2014 – 06	51.544	90.839	149.662	208.532	254.134	330.955	407.584	462.230	513.937	556.038	643.197	683.273	758.120	804.553	804.553	121.279
2014 – 12	53.822	98.877	158.004	199.273	245.103	295.526	349.670	413.413	475.496	529.766	571.611	625.619	694.149	736.664	736.664	165.054
2015 – 06	43.650	94.896	157.676	226.601	278.700	356.168	432.020	506.889	556.702	599.651	669.176	732.402	812.630	862.402	862.402	262.751
2015 – 12	56.598	125.088	179.814	244.948	282.746	337.506	398.456	448.977	517.031	564.989	630.496	690.067	765.658	812.553	812.553	295.522
2016 – 06	65.107	111.717	158.739	221.203	262.460	332.231	408.778	459.755	507.364	618.708	677.166	751.343	797.361	797.361	797.361	337.606
2016 – 12	27.466	85.106	128.693	166.722	216.207	266.328	323.879	372.757	449.514	501.631	549.027	609.168	646.479	646.479	646.479	322.600
2017 – 06	54.443	102.837	157.621	194.415	238.212	291.031	352.105	405.242	488.689	545.349	596.875	662.257	702.819	702.819	702.819	411.788
2017 – 12	54.473	115.667	158.709	205.602	228.611	285.637	345.578	397.731	438.918	479.631	535.241	585.812	649.982	689.793	689.793	461.181
2018 – 06	60.794	140.021	208.038	304.531	366.336	457.715	553.768	637.340	703.339	768.579	857.690	938.728	1.041.557	1.105.350	1.105.350	800.819
2018 – 12	67.445	116.528	185.588	249.084	299.636	374.378	452.943	521.299	575.281	628.643	701.529	767.812	851.919	904.097	904.097	718.509
2019 – 06	46.217	104.357	155.749	209.037	251.461	314.186	380.118	437.484	482.787	527.569	588.737	644.363	714.947	758.736	758.736	654.380
2019 – 12	42.919	88.403	131.939	177.080	213.018	266.154	322.007	370.602	408.980	446.916	498.732	545.854	605.648	642.742	642.742	599.824
FATORES DES.	2,05978	1,49247	1,34214	1,20295	1,24944	1,20985	1,15091	1,10355	1,09276	1,11594	1,09448	1,10954	1,06125	1,00000	1,00000	
ΠFk	7,27061	4,87153	3,62968	3,01732	2,41493	1,99605	1,73432	1,57157	1,43817	1,28875	1,17750	1,06125	1,00000	1,00000		

Esse processo pode ser replicado "n" vezes, de modo a obter múltiplicos cenários estocásticos de PVFCF$_{LIC}$ para determinar o Ajuste a Risco para esse Passivo. Para cada triângulo de PseudoPVFCF$_{LIC}$ das "n" simulações realizadas, são novamente aplicados fatores de desenvolvimento λ_j, determinando, assim, uma estimativa do risco de provisão. Nesse exemplo, em particular, foram rodadas 10 mil iterações do processo, obtendo-se 10 mil estimativas de PseudoPVFCF$_{LIC}$, possibilitando construir a distribuição empírica de probabilidades. Com ela, foram obtidas estimativas de erro-padrão, intervalos de confiança e outras medidas quantílicas.

Após processar as 10 mil iterações, a melhor estimativa do PVFCF$_{LIC}$ será a média entre todas as pseudoprovisões. Para determinação do Ajuste ao Risco, a companhia optou por um nível de confiança de 80% (Figura 4.9).

Simulação	PVFCF estimado
0	**101.163.242,89**
1	92.076.021
2	106.640.539
3	108.611.370
4	107.929.926
5	96.468.509
6	108.474.865
7	109.552.231
.	96.316.669
.	103.644.873
.	97.380.075
.	108.362.355
10.000	99.886.398

FIGURA 4.9 Resultado das simulações estocásticas de PVFCF$_{LIC}$.

Embora a aplicação do *Bootstrap* tenha possibilitado estimar a distribuição de probabilidade de PVFCF$_{LIC}$, não há nada que obrigue obter uma curva exata de uma família conhecida de distribuições paramétricas. A curva é apenas uma aproximação imprecisa da distribuição empírica (as barras do histograma). Mesmo assim, a empresa optou por proceder com o teste não paramétrico de Kolmogorov Smirnov, adotando o nível de significância $\alpha = 5\%$, para verificar se as frequências das estimativas de PVFCF$_{LIC}$ poderiam ser aproximadas por alguma distribuição de probabilidade conhecida e usual na avaliação de risco. Escolhas usuais para esses casos costumam ser as distribuições **LogNormal, Normal** e **Gama**.

Após a aplicação do teste, observou-se que a distribuição de probabilidade empírica de PVFCF$_{LIC}$ apresentou um ajuste que pode ser considerado excelente a uma Distribuição

Gama (α,β). O valor da estatística teste $D_{observado}$ foi igual a 0,01480, enquanto o valor da estatística $D_{teórica}$ de acordo com a tabela K-S foi de 0,01933. O número de simulações bastante grande possibilita criar elevada quantidade de possíveis situações, garantindo forte convergência dos resultados a um padrão probabilístico conhecido. Diante da evidência de que a estatística de teste não pertence à região crítica determinada pelo quantil tabelado, pode-se afirmar que a o PVFCF referente à parcela de LIC segue uma Distribuição Gama (α,β):

$$PVFCF_{LIC} \sim Gama\ (\alpha,\beta)$$

Sabendo que distribuição de $PVFCF_{LIC}$ foi ajustada para uma Gama (α,β) e considerando que o *Risk Adjustment* da parcela de LIC será o quantil cuja distribuição acumulada atinja o nível de 80%, tem-se que o Ajuste a Risco é o valor cuja probabilidade de que verdadeiro $PVFCF_{LIC}$ exceda aquele patamar seja igual a 20%, da seguinte forma:

$$P\left[X \leq PVFCF_{LIC}\right] = \int_{0}^{PVFCF_{LIC}} \frac{\beta^{\alpha}}{\Gamma(\alpha)} e^{-\beta x} x^{\alpha-1} = 80,00\%$$

O Ajuste a Risco para a parcela de LIC $PVFCF_{LIC}$, calculado conforme a função densidade de probabilidade Gama, é igual à diferença entre o percentil 80% (R$ 110 milhões) e a média da distribuição de probabilidade de $PVFCF_{LIC}$ (R$ 100 milhões), sendo igual ao montante de **R$ 10.000.000**.

AJUSTE A RISCO – LIC
10.000.000

Após o cálculo do *Risk Adjustment* para a carteira de Seguro de Crédito, a empresa consolidou o Ajuste a Risco em *Entity Level*. Isto é, agregaram-se os montantes das carteiras de Seguro de Crédito e Residencial, considerando a correlação linear entre eles (0,5), observando um total de Ajuste a Risco igual a **R$ 26,5 milhões** (Figura 4.10).

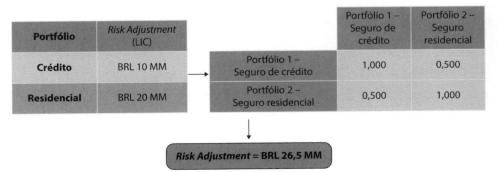

FIGURA 4.10 Consolidação do *Risk Adjustment* em *Entity Level*.

108 CONTRATOS DE SEGURO MONTI | OLIVEIRA | CARVALHO | FLORES

DICAS E CASOS PRÁTICOS

- A simplificação para dispensar a companhia de efetuar o desconto dos Fluxos de Caixa de Passivos de Sinistros Incorridos também é válida para o cálculo de *Risk Adjustment*. Caso a companhia consiga provar que os produtos de um portfólio possuem *Claims Settlement Period* inferiores a 1 ano, a empresa poderá constituir uma provisão menor ao não alocar um Ajuste a Risco. Entretanto, é muito importante que a empresa observe a relação entre *Risk Adjustment* e desconto, pois, se a taxa de desconto dos Passivos for inferior ao *Risk Adjustment*, a companhia pode deixar de obter um benefício de constituir uma reserva menor do que o saldo conforme a IFRS 4 no *opening balance* da IFRS 17.

- Caso a empresa adote a estratégia de reduzir o custo de implementação da IFRS 17, bem como os esforços operacionais para implementação da norma, poderá se utilizar da prerrogativa de flexibilização do desconto dos fluxos de caixa. Porém, aspectos estratégicos como o planejamento tributário da companhia também devem ser cuidadosamente avaliados.

- O desenvolvimento de um modelo estocástico para a avaliação do *Risk Adjustment* da parcela de LIC é um ponto-chave para a implementação da IFRS 17. Além disso, a companhia pode aproveitar o desenvolvimento do modelo de *Risk Adjustment* para utilizá-lo como *proxy* para o cálculo de *Risk Margin* de Solvência II. Caso a empresa já possua reporte em Solvência II, é importante partir dos modelos de *Risk Margin* já existentes para gerar sinergias e economizar recursos.

- No mercado brasileiro, a grande mudança passa a ser a visão de todo o Passivo a Mercado, haja vista que atualmente uma seguradora brasileira somente dimensiona a *Best Estimate* no lado Passivo do Balanço Patrimonial, mesmo quando há uma insuficiência identificada no TAP e a constituição de uma PCC. Com a implementação da IFRS 17, as provisões de sinistros passam a ser vistas na visão realista, com a projeção de fluxos de caixa descontados (PVFCF) e Ajuste ao Risco não financeiro.

- As despesas com regulação de sinistros e demais encargos relacionados a sinistros devem estar previstos no modelo de projeção, direta ou indiretamente. Ademais, o período de observação dos dados de *input* para os triângulos de *run-off* deve estar alinhado ao padrão de desenvolvimento dos sinistros, de modo a buscar incluir o máximo possível do desenvolvimento dos sinistros nos modelos de projeção.

QUESTÕES

1. Para a apuração dos Passivos de uma companhia de seguros, costuma-se dividi-los em duas categorias, a saber: Passivo para Cobertura Remanescente (LRC) e Passivo para Sinistros Incorridos (LIC). Em relação à modelagem da LIC, é **correto** afirmar que:

    a) A parcela de LIC refere-se à projeção do Passivo para a cobertura dos sinistros a ocorrer nos contratos de seguros. Para o cálculo dessa parcela, podem-se utilizar

CAPÍTULO 4 | MODELO DE MENSURAÇÃO – PASSIVO PARA SINISTROS INCORRIDOS **109**

técnicas estatísticas para determinar o padrão de pagamento dos sinistros de determinado agrupamento de contratos.

b) De forma geral, é possível afirmar que a LIC corresponde ao custo total estimado de todos os sinistros que tenham ocorrido, tenham sido comunicados ou não.

c) Tal como na parcela de LRC, a companhia deve mensurar uma Margem de Serviço Contratual (CSM), um desconto financeiro e um Ajuste a Risco para o cálculo do Passivo.

d) As projeções deverão considerar a projeção dos prêmios futuros estimados para cada contrato de seguro, sinistralidade esperada para cada linha de negócio e custos de aquisição.

2. No processo de mensuração dos fluxos de caixa futuros (PVFCF) para a parcela de sinistros incorridos, indique qual das alternativas a seguir **não** está alinhada às diretrizes da IFRS 17.

a) Para modelagem desses fluxos de caixa, é importante que a companhia conheça o padrão de desenvolvimento de sinistros de sua carteira. Os atuários podem utilizar, por exemplo, os triângulos de *run-off* como ferramentas para avaliar os fatores de desenvolvimento de sinistros alinhados com as características do processo de regulação de sinistros de cada linha de negócio.

b) Para avaliação dos fluxos de caixa relativos aos sinistros já incorridos, a companhia tem a liberdade de adotar seus critérios e metodologias. É importante, porém, que os métodos utilizados estejam de acordo com as boas práticas e sejam capazes de refletir as características da operação.

c) Por se tratar de projeções de sinistros incorridos, não há necessidade de se aplicar um desconto financeiro sobre os fluxos futuros (PVFCF).

d) Independentemente da metodologia empregada para cálculo dos fluxos de caixa, espera-se capturar, por meio dos fatores de desenvolvimento, as principais características da carteira, tais como o nível de judicialização de sinistros, reaberturas, reajustes e recusas.

3. No que se refere à estimativa dos fluxos de caixa da parcela de sinistros incorridos (LIC), os cálculos atuariais para previsão do desenvolvimento dos sinistros já ocorridos devem ser realizados de acordo com as boas práticas de mercado. Assinale a seguir a alternativa que melhor cumpre esse requisito:

a) A projeção pode ser realizada com base no conhecimento histórico do padrão de desenvolvimento dos sinistros, utilizando-se técnicas estatísticas e atuariais. Os fatores de desenvolvimento são importantes para se conhecer e estimar a expectativa de reaberturas, recusas e ajustes de sinistros.

b) Uma carteira de seguros que possua um alto nível de judicialização de sinistros irá provavelmente gerar um fluxo de caixa mais longo e, portanto, menos sensível a variações nas taxas de desconto.

c) Os modelos estocásticos devem ser sempre priorizados para cálculo dos fluxos de caixa, por serem mais sofisticados que os modelos determinísticos para a estimativa central do PVFCF.

d) Não há necessidade de revisão das premissas utilizadas para estimativa do padrão de desenvolvimento dos sinistros na parcela de LIC, após a divulgação do balanço de abertura conforme a IFRS 17.

4. Dentre as alternativas a seguir, indique a afirmação **incorreta** acerca do exercício de avaliação subsequente do Passivo para cobertura de sinistros incorridos.

a) Tal como no Passivo para cobertura remanescente, deve ser estimado o *Accretion* de juros utilizando a taxa de desconto *Locked In* sobre as projeções como uma despesa financeira sobre o Passivo.

b) O efeito da variação de taxa de desconto sobre o Passivo, calculado com base nos níveis de preço de mercado atuais, deve ser sempre reconhecido na demonstração de resultado da companhia.

c) Por meio da *Experience Variance,* é possível avaliar a aderência da estimativa do desenvolvimento dos sinistros com os dados realizados, sinalizando o nível de prudência do Passivo atuarial.

d) Os sistemas atuariais utilizados para integração dos dados conforme a IFRS 17 devem ser capazes de gerar as avaliações subsequentes, incluindo eventuais impactos sobre o Passivo decorrente de alterações ou correções de metodologias.

5. Uma seguradora multinacional que reporta suas demonstrações financeiras conforme a IFRS 4 opera uma carteira de seguros de danos com um *boundary* (limite contratual) inferior a 1 ano. Para implementar a IFRS 17, a companhia estabeleceu como prioridade ter o mínimo de impacto, buscando simplificar o processo quando aplicável. Qual das seguintes estratégias pode ser considerada adequada para essa empresa?

a) Por se tratar de uma operação de danos, a companhia pode adotar diretamente a abordagem simplificada PAA, o que significa uma importante simplificação de processos. Não há nenhuma mudança em relação à abordagem atual e os fluxos de sinistros incorridos não precisam ser estimados.

b) Não é necessário adotar para a parcela de LIC as mesmas unidades de contabilização (UoA) e estratégia de gestão de agrupamentos de contratos utilizadas na parcela de cobertura remanescente, pois são modelos independentes.

c) Sendo uma carteira de danos com um *boundary* contratual menor que 1 ano, a companhia pode obter benefícios ao utilizar a abordagem simplificada PAA. No entanto, precisa projetar os componentes PVFCF e Ajustes a Risco para a parcela de LIC.

d) A companhia sempre deverá descontar os componentes de seu Passivo de LIC, mesmo que se trate de uma carteira com um período de desenvolvimento extremamente curto e estável.

CAPÍTULO 4 | **MODELO DE MENSURAÇÃO – PASSIVO PARA SINISTROS INCORRIDOS** **111**

6. O diretor financeiro de uma seguradora nacional está avaliando os esforços para implementação da IFRS 17. No entanto, gostaria de compreender possíveis variáveis que poderão impactar os resultados no que se refere ao Passivo de LIC. Indique a alternativa **incorreta**:

   a) O reforço das políticas de risco de liquidez e imunização da carteira de sinistros incorridos possui um papel importante, pois a volatilidade nos níveis de preço de mercado irá afetar diretamente as estimativas de Passivos atuariais para a parcela de LIC.

   b) O processo de *Data Quality* tende a ser muito importante, pois a utilização dos dados para estimativa do padrão de desenvolvimento de sinistros deve ser livre de inconsistências e precisa estar alinhada aos reportes periodicamente enviados ao regulador.

   c) A complexidade dos movimentos de *Accretion,* ao aplicar as taxas *Locked In* conforme o período de ocorrência de sinistros incorridos, exige especial atenção da empresa quanto ao seu ambiente de controle e granularidade dos cálculos.

   d) Ao analisar os custos envolvidos com a implementação da IFRS 17, pode-se afirmar que a empresa, invariavelmente, não será capaz de ter benefícios econômicos com sua adoção.

7. Indique a seguir a alternativa que contém etapas da avaliação subsequente dos Passivos para a cobertura de sinistros incorridos:

   a) *Accretion* de juros conforme taxa de desconto *Locked In*, correções de modelagem, mudanças em premissas atuariais e *release* de CSM.

   b) *Release* esperado de sinistros e despesas relacionadas, *Accretion* de juros conforme taxa de mercado e mudanças em premissas atuariais.

   c) Variação a mercado das taxas de desconto, *release* esperado de sinistros e despesas relacionadas e mudanças em premissas atuariais.

   d) Correções de modelo, *Accretion* de juros conforme taxa *Locked In* e juros sobre a CSM.

8. Assim como a parcela de cobertura remanescente, a modelagem da LIC necessita de um Ajuste a Risco não financeiro. Nesse contexto, assinale a alternativa que se encontra mais aderente à IFRS 17:

   a) O Ajuste a Risco reflete uma compensação financeira relativa à incerteza inerente à estimativa dos fluxos de caixa de sinistros incorridos e despesas relacionadas.

   b) O Ajuste a Risco relativo à parcela de LIC tem como objetivo mensurar a probabilidade de insuficiência de prêmios em relação aos sinistros e despesas a ocorrer.

   c) A norma delimita as metodologias que podem ser utilizadas para cálculo do Ajuste a Risco, com o objetivo de conferir menor subjetividade ao processo de cálculo atuarial.

d) Como a IFRS 17 não impõe metodologias específicas para o cálculo do Ajuste a Risco, uma companhia pode definir uma medida de dispersão em relação à média excessivamente alta como objetivo de ser mais conservadora, mesmo em um produto que possua risco notadamente baixo.

9. Uma companhia líder do mercado global de seguros emite cobertura para os mais variados riscos. Ao realizar o mapeamento dos principais fatores que podem influenciar seu nível de Ajuste a Risco para a parcela de LIC, não seria **correto** afirmar que:

a) Em uma carteira onde se tenha um desenvolvimento de sinistros mais lento e alto nível de judicialização, haverá uma *duration* maior dos fluxos de caixa e, portanto, um Ajuste a Risco provavelmente mais relevante.

b) Ao comercializar diversos tipos de contrato de seguros, a companhia poderá obter uma vantagem competitiva, ao consolidar seu Ajuste a Risco, em função da correlação existente entre os diferentes tipos de contrato e a região em que opera.

c) Um seguro de vida com um padrão de pagamento mais curto e estável terá um ajuste de risco para LIC maior, pois trata-se de um segmento com maior exposição a risco por sua natureza contratual.

d) O Ajuste a Risco pode ser influenciado positivamente pela capacidade da companhia em realizar o pagamento de sinistros a seus clientes de forma ágil. Com um processo de regulação de sinistros mais curto e eficiente, pode haver um benefício ao se modelar um desvio em relação aos fluxos estimados.

10. No que tange à cobertura de sinistros incorridos, assinale a alternativa que melhor representa o conceito de Ajuste a Risco:

a) Conceitualmente, o saldo de PVFCF constituído para a parcela de LIC é uma esperança estatística para a estimativa da perda esperada referente aos sinistros incorridos na data-base de avaliação, enquanto o *Risk Adjustment* representa um desvio em relação a esse estimador da média.

b) O Ajuste a Risco representa uma medida de desvio em relação à média, de forma que a utilização de modelos determinísticos será sempre recomendável para o cálculo dessa medida.

c) De acordo com as boas práticas, a companhia pode atribuir um percentil excessivamente alto para a modelagem de seu Ajuste a Risco, mesmo que os choques inesperados em relação à média já estejam incorporados na parcela de risco de subscrição de seu capital requerido.

d) O Ajuste a Risco tem a finalidade de atribuir uma medida de desvio em relação ao Patrimônio Líquido da companhia, tendo em conta sua exposição aos riscos de mercado, liquidez e subscrição.

CAPÍTULO 4 | MODELO DE MENSURAÇÃO – PASSIVO PARA SINISTROS INCORRIDOS **113**

11. A IFRS 17 introduz a necessidade de um cálculo de Ajuste a Risco para a parcela de sinistros incorridos com o objetivo de que as companhias definam explicitamente o nível de risco inerente ao desenvolvimento adverso de sinistros e despesas. Ainda que a norma não defina as metodologias a serem utilizadas para essa mensuração, selecione a seguir a metodologia que **não** se encontra aderente aos requisitos da norma:

a) Abordagem de Custo de Capital, tendo como base a aplicação de uma premissa de custo de oportunidade sobre o requerimento de capital para o risco de desenvolvimento adverso das provisões de sinistros.

b) Modelagem Determinística, adicionando sobre a média um desvio-padrão definido de forma subjetiva conforme a experiência de uma carteira de sinistros de outro segmento.

c) Método estocástico, com utilização da técnica de *Bootstrap* para gerar múltiplos cenários para o desenvolvimento futuro de sinistros.

d) Utilização da Teoria das Cópulas como alternativa à Matriz de Correlação para modelar a estrutura de dependência existente entre as linhas de negócio para consolidação do Ajuste a Risco a nível global.

CAPÍTULO
5

RECONHECIMENTO INICIAL E TRANSIÇÃO DO PADRÃO DA IFRS 4 PARA O PADRÃO DA IFRS 17

As companhias de seguros e entidades de Previdência Complementar serão obrigadas a adotar a IFRS 17 nas divulgações dos resultados financeiros a partir de janeiro de 2023, substituindo as diretrizes estabelecidas pela IFRS 4. Para fins dos requerimentos de transição da IFRS 17, a data de aplicação inicial é o começo do ano-calendário no qual a entidade irá aplicar o novo padrão pela primeira vez. No entanto, os ditames também devem ser seguidos para o período de avaliação que precede a data da publicação da primeira demonstração financeira conforme a IFRS 17. O intuito é antecipar os impactos financeiros que podem advir da adoção da norma.

Dessa forma, as companhias deverão estar preparadas para construir seus modelos e organizar toda a arquiterura de sistemas e processos para iniciar a aplicação da IFRS 17 a partir de janeiro de 2023, quando se inicia a transição da IFRS 4 para a IFRS 17. Para que seja possível obter a comparação para fins de publicação das demonstrações financeiras, a entidade deverá também possuir uma posição no Balanço de dezembro de 2022 dos componentes de seguro de IFRS 17 (PVFCF, *Loss Component,* CSM, *Risk Adjustment*) (Figura 5.1).

	dez./20	dez./21	dez./22
Balanço patrimonial	OK	OK	OK
Demonstração de resultado (P&L)	✘	OK	OK

Necessário para elaboração do P&L 2022

Necessário para comparação do BP com 2022

FIGURA 5.1 Transição para a IFRS 17.

De acordo com as diretrizes, a empresa deverá realizar a aplicação da IFRS 17 de forma retrospectiva desde a da data de transição até a data de *inception* de cada um dos contratos, a menos que seja impraticável, e realizar as seguintes ações:

- identificar, reconhecer e mensurar cada grupo de contratos de seguro (UoA), como se a IFRS 17 sempre tivesse sido aplicada. Ou seja, um contrato emitido em 2010 deve ser reavaliado pela IFRS 17 entre a data de emissão e a data-base de 31/12/2022 (*Opening Balance*);

- desconsiderar qualquer saldo que não existiria se a IFRS 17 não fosse aplicado. Isto é, um contrato de seguro emitido pela empresa em 2018 deve ser desconsiderado quando da avaliação retroativa da IFRS 17 na data-base de dezembro de 2017;

- reconhecer toda a diferença (com e sem IFRS 17) resultante em Patrimônio Líquido. Ou seja, uma companhia que possua uma carteira superavitária, caso estivesse aplicando a IFRS 17, historicamente já teria de ter apropriado expressiva parcela de *release* de CSM.

Esse procedimento visa retroagir o cálculo dos componentes da IFRS 17 em todo este livro até o início de cada contrato existente, o que exige que os dados disponíveis sejam extremamente consistentes e que todas as premissas atuariais e financeiras sejam não apenas acessíveis, mas postas à prova. A IFRS 17 descreve esse modelo *default* como Modelo Retrospectivo Completo (Figura 5.2), permitindo, porém, a utilização de abordagens alternativas no caso de a aplicação do modelo padrão ser operacionalmente inviável (*undue effort*).

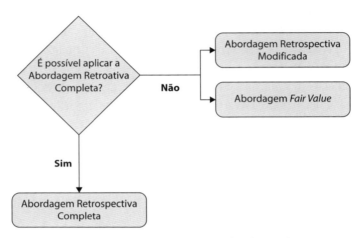

FIGURA 5.2 Processo de decisão sobre a abordagem de transição.

5.1 ABORDAGEM RETROSPECTIVA COMPLETA

O propósito dessa abordagem posta pelas diretrizes é oferecer uma visão do balanço de abertura como se a IFRS 17 sempre tivesse sido aplicada pelas companhias, desde a data de *inception* em que toda UoA se encontra *inforce*, ou seja, para cada grupo de seguros vigente na data do *Opening Balance*. Na data de transição, o PVFCF e o *Risk Adjustment* são avaliados em base corrente, mas a CSM deve ser calculada utilizando um processo retroativo (*roll forward*). Observe a Figura 5.3.

O procedimento de *roll forward* da CSM exige que, para cada grupo de contratos de seguros, as componentes da IFRS 17 (PVFCF, *Risk Adjustment* e CSM) sejam calculadas na data de *inception* das respectivas UoA, enquanto a CSM é, posteriormente, recalculada todo ano, até a data da transição, realizando-se para cada período os movimentos de avaliação subsequente e o recálculo da CSM. Esse cálculo retroativo também deverá considerar qualquer evento relevante que afete o movimento da CSM, tais como atualizações de premissas financeiras e atuariais, *Experience Variance*, amortização da CSM e *Accretion* de juros.

CAPÍTULO 5 | RECONHECIMENTO INICIAL E TRANSIÇÃO DO PADRÃO DA IFRS 4 PARA O PADRÃO DA IFRS 17   119

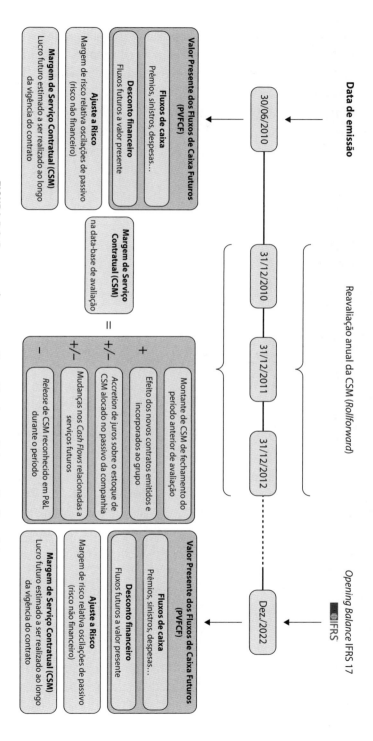

FIGURA 5.3 Processo de mensuração na Abordagem Retrospectiva Completa.

Os resultados obtidos pela empresa ao longo do período de avaliação retrospectiva (*i.e.*, *release* de CSM de cada contrato ao longo dos anos, com *Experience Variance*, *Accretion* e outros) serão reconhecidos no *Equity* da companhia. Portanto, a utilização dessa abordagem de transição pode gerar para a companhia um benefício de reconhecer um Patrimônio Líquido maior no momento do *Opening Balance*.

Na aplicação da Abordagem Restrospectiva Total, a companhia deverá possuir os dados para cada UoA, desde a sua emissão inicial, ou, pelo menos, ser capaz de alocar essa informação de uma maneira consistente a partir do menor nível de granularidade. Tais dados também precisarão ser padronizados de forma que possam ser carregados nos sistemas atuariais de projeção financeira.

Há um elevado grau de subjetividade a ser adotado pelas entidades ao determinar se existem dados disponíveis na granularidade necessária para aplicação da Abordagem Retrospectiva Completa. O requerimento de dados das apólices para o cálculo retroativo envolve diversos aspectos:

- Algumas informações utilizadas para o processo de *pricing* dos produtos podem ser importantes para projetar os *cash flows*, tais como *comission rates*, despesas operacionais, premissas de sinistralidade, informações de reenquadramento etário e desenho dos produtos. Para os contratos VFA de Previdência (*Unit Linked*), também é necessário incluir os saldos dos Fundos de Investimentos Especialmente Constituídos ao final de cada período de reporte.

- Em geral, as informações necessárias para construção das bases de dados de contratos vigentes em cada período são mantidas nos sistemas operacionais das companhias, arquivos oficiais enviados ao regulador ou *data qarehouse*. A ausência das informações históricas sobre os contratos vigentes pode comprometer o cálculo retroativo.

- A companhia poderá recorrer a informações de mercado ou outros processos de reporte (*e.g.*, Solvência II, *Market Consistent Embedded Value*) para obter estimativas consistentes das informações eventualmente incompletas para utilização da abordagem retroativa. Também deve ser avaliada a materialidade das informações incompletas, pois, caso não haja impacto significativo no recálculo da CSM, essas informações podem, eventualmente, ser desconsideradas.

- A granularidade é um aspecto bastante relevante, uma vez que as informações devem ser analisadas ao nível de UoA. Dessa forma, é importante que a companhia alinhe (na medida do possível) sua definição dos agrupamentos dos contratos de seguros com as informações que estão à sua disposição.

O esforço excessivo (*undue effort*) é uma situação na qual os benefícios conquistados pela companhia ao obter determinada informação para o cálculo retroativo são menores do que o esforço e o custo demandados para consegui-los. Nesse caso, a aplicação da abordagem retroativa deve ser avaliada cuidadosamente.

5.2 ABORDAGEM RETROSPECTIVA MODIFICADA

Esse *approach* consiste em uma série de modificações permitidas pela norma em relação à Abordagem Retrospectiva Completa, as quais podem ser realizadas quando restar comprovado que a companhia não pode implementar o método *default* de transição ou quando há esforço excessivo, conforme expressam os passos a seguir:

- Avaliação dos contratos de seguros ou grupo de contratos de seguros referentes à data de *inception* e à data de reconhecimento inicial.
- Avaliação dos montantes de CSM ou *Loss Component*.

O objetivo da Abordagem Retrospectiva Modificada é alcançar o maior alinhamento possível com a Abordagem Retrospectiva Completa. A entidade deverá:

- utilizar dados consistentes e robustos, de forma que representem uma boa *proxy* para a abordagem completa. Caso não seja possível, a empresa deverá adotar a Abordagem *Fair Value*;
- maximizar o uso da informação que teria sido utilizada para aplicar a Abordagem Retrospectiva Completa, mas somente com a utilização da informação disponível, sem esforço excessivo.

5.2.1 AVALIAÇÃO DA DATA DE *INCEPTION* E DATA DE RECONHECIMENTO INICIAL

Quando for impraticável para uma entidade determinada a data de reconhecimento inicial de cada um dos contratos que compõem os portfólios pelo Modelo Retrospectivo Completo, há possíveis simplificações. Com base nas informações disponíveis na data de transição, a companhia deverá avaliar a forma de identificar um grupo de contratos, bem como se um contrato de seguro cumpre a definição de um contrato com participação direta ou sem participação direta.

Após a avaliação das informações, a empresa poderá adotar alguma abordagem para ajustar o cálculo retroativo por meio de alguma simplificação, que pode incluir:

- Caso seja comprovado que a empresa não dispõe de dados confiáveis e íntegros para a data de *inception* dos contratos de determinado agrupamento, poderá adotar um *approach* de considerar uma data de reconhecimento inicial posterior à data da emissão do contrato. Ou seja, uma empresa que possui um grupo de contratos emitidos em 2005, mas tem informações consistentes a partir de 2012, considera como a data de reconhecimento inicial o ano de 2012, até quando a mensuração da IFRS 17 deverá retroagir, desde a data de transição.
- No caso de a entidade não conseguir a segregação dos contratos de cada agrupamento por safras anuais, desde a data de sua emissão, o agrupamento pode ser feito em uma só safra, englobando os contratos emitidos até a data de reconhecimento inicial. Isto é, uma instituição que somente consegue separar um agrupamento de contratos por

safras anuais a partir de 2015 pode considerar as apólices anteriores a esses períodos dentro de uma única safra (coorte anterior a 2015).

5.2.2 AVALIAÇÃO DA CSM E *LOSS COMPONENT* PARA UM GRUPO DE CONTRATOS

Caso a companhia possua uma limitação para realizar o *roll forward* da CSM, desde a data de *inception* do grupo de contratos até a data de transição, é possível adotar a Abordagem Modificada para determinar a CSM para o Balanço de Abertura. Ao adotar as simplificações, a companhia poderá aplicar algumas medidas de adaptação para mensuração da CSM:

- Os Fluxos de Caixa Futuros na data de reconhecimento inicial de um grupo de contratos de seguro podem ser estimados como o montante de *cash flows* na data de transição, ajustado pelas entradas e saídas de caixa realmente ocorridos (*e.g.*, prêmios de sinistros, despesas) no período entre a data de reconhecimento inicial e a data de transição.

- Caso a companhia não disponha de um histórico de *Yield Curves*, as taxas de desconto aplicadas na data de reconhecimento inicial podem ser determinadas utilizando uma *Yield Curve* observável que se aproxime daquela utilizada no momento da transição. Outra possibilidade é obter uma estimativa da taxa de desconto com base em um histórico de dados à disposição da entidade na data de transição (*e.g.*, utilizar uma média de ETTJ ao longo dos 2 anos anteriores à *transition date*).

- Caso não seja possível estimar um *Risk Adjustment* para a data de reconhecimento inicial, a companhia poderá adotar a simplificação de aplicar uma estimativa de *release* sobre o *Risk Adjustment* calculado na data de transição, de modo a determinar uma *proxy* do Ajuste a Risco inicial do grupo de contratos.

Ao aplicar tais simplificações, a companhia deve utilizar as taxas de desconto modificadas para calcular o *Accretion* de juros ao longo do período entre a data de reconhecimento inicial e a transição. Adicionalmente, deverá determinar o montante de CSM amortizado ao longo do período, referente à prestação de serviços mediante os contratos de seguro (Figura 5.4).

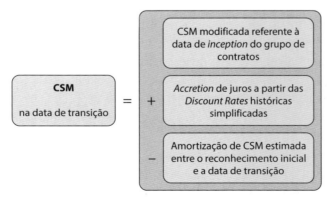

FIGURA 5.4 Avaliação da CSM na transição pela abordagem simplificada.

CAPÍTULO 5 | RECONHECIMENTO INICIAL E TRANSIÇÃO DO PADRÃO DA IFRS 4 PARA O PADRÃO DA IFRS 17 **123**

Para realizar o cálculo estimado da amortização da CSM, a companhia pode adotar a seguinte simplificação:

$$FA = \frac{CSM_{TRANS} - CSM_{INC}}{CSM_{INC}}$$

Em que:

FA = fator de amortização para determinar a parcela de CSM amortizada em P&L, por meio do produto entre FA e CSM_{INC};

CSM_{TRANS} = CSM estimada para a data de transição, a partir da aplicação do modelo de mensuração da IFRS 17, utilizando a taxa de desconto e o *Risk Adjustment* disponíveis no momento da transição;

CSM_{INC} = CSM estimada para a data de reconhecimento inicial, oriunda da aplicação do modelo de mensuração da IFRS 17, com a utilização da taxa de desconto modificada e do *Risk Adjustment* modificado, calculados a partir das informações disponíveis no momento da transição.

5.3 ABORDAGEM *FAIR VALUE*

Essa abordagem é uma alternativa ao método modificado, quando a aplicação da Abordagem Retrospectiva Completa é impraticável pela companhia ou quando a entidade não é capaz de obter informações suficientemente robustas para realizar a abordagem modificada.

Para aplicar a abordagem *Fair Value*, a empresa deve adotar um *approach bottom-up* de determinar a CSM ou a *Loss Component* dos Passivos para cobertura remanescente. Sua obtenção dá-se pela diferença entre o *Fair Value* de um grupo de contratos mensurado conforme a IFRS 13 (diretrizes que estabelecem estruturas e exigem divulgações sobre as mensurações do valor justo) e os *cash flows* estimados pelo modelo de mensuração da IFRS 17 na data-base de transição.

A IFRS 13 requer a avaliação de um Passivo de acordo com o valor que um participante do mercado pagaria para assumir as obrigações relacionadas a esse Passivo, tal como os modelos de *valuation*. Dessa forma, o valor de compra de uma companhia depende das expectativas do mercado em relação à carteira e seu potencial de geração de valor. Vale ressaltar que a determinação de um *Fair Value* conforme a IFRS 13 é uma matéria de maior grau de subjetividade, visto que deve refletir o valor que uma companhia do mercado pagaria para adquirir a carteira de Passivos.

Basicamente, a definição da CSM na data de transição de acordo com a abordagem *Fair Value* consiste em alguns ajustes sobre o Passivo para cobertura remanescente estimados conforme a IFRS 17 (Quadro 5.1).

QUADRO 5.1 Apuração do Passivo *Fair Value* conforme a IFRS 13

PVFCF estimado pelo Modelo Geral de Mensuração da IFRS 17
(+/−) Diferenças nas premissas não financeiras estimadas pela entidade e as determinadas pelo mercado (*e.g.*, sinistralidade e despesas)
Risk Adjustment calculado pela companhia de acordo com o Modelo Geral de Mensuração da IFRS 17
(+/−) Diferenças na definição de *Risk Adjustment* aplicada pela companhia e pelo mercado (*e.g.*, custo de capital e diversificação)
(+/−) Componentes requeridos pela IFRS 13 (*e.g.*, despesas não atribuíveis, *profit margin*, entre outros)
(=) Passivo *Fair Value* IFRS 13

Para a definição da CSM de transição (Figura 5.5), a abordagem *Fair Value* consiste na diferença entre os Passivos do modelo de mensuração (BBA e VFA) para a parcela de LRC da IFRS 17 e o valor dos Passivos determinados de acordo com a IFRS 13.

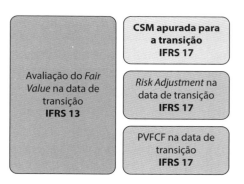

FIGURA 5.5 Apuração da CSM de transição pelo método *Fair Value* – IFRS 17.

DICAS E CASOS PRÁTICOS

- A definição dos montantes de transição é um dos assuntos de maior complexidade existentes na normativa. O cálculo retroativo de cada um dos movimentos de avaliação subsequentes de CSM (*Accretion, Experience Variance*, alterações de premissas, MtM, entre outros) ao longo dos anos, desde a data de *inception* dos contratos, exige um enorme esforço computacional e investimentos massivos em uma estrutura tecnológica com sistemas robustos e um grande repositório de dados. Ademais, todos os cálculos, além de retroativos, devem ser realizados para cada UoA definida pela companhia.

- Naturalmente, poucas seguradoras ao redor do mundo deverão adotar a Abordagem Retrospectiva Completa devido às complexidades mencionadas. Entretanto, é muito importante avaliar o *trade-off* entre esse esforço e o montante histórico de CSM que a companhia poderia apropriar em seu *equity* na data de transação, relativo à amortização da CSM ao longo dos anos por prestação de serviços de seguros. Isso é bastante relevante para carteiras superavitárias, na medida em que o CSM histórico gerado por esses portfólios pode ser bastante representativo.

- A Abordagem Retroativa Modificada parece uma boa opção para as seguradoras, visto que é possível reconhecer a amortização histórica de CSM, sem a necessidade de um esforço tão relevante como no modelo completo. Ademais, a norma deixa algum grau de discricionariedade para a empresa definir as simplificações a serem utilizadas.

- A aplicação do método *Fair Value* deve ser visto com bastante cautela. Apesar da facilidade de não retroagir datas-base passadas, a comparação com o mercado (IFRS 13) é altamente subjetiva e pode gerar uma CSM menor que o Modelo de Transição Modificado.

- Em teoria, as empresas brasileiras podem dispor de informações suficientes para realizar um Modelo de Transição Modificado desde 2013, quando o regulador, a SUSEP, passou a disponibilizar a Estrutura a Termo de Taxa de Juros e a exigir que as companhias de seguros avaliassem o Teste de Adequação de Passivos. Obviamente, como o alcance do TAP é muito mais limitado (menor granularidade e abordagens mais simplificadas), isso não é garantia de que as companhias terão as informações necessárias. Além disso, as empresas brasileiras enviam Registros Oficiais com bases de dados analíticas para o regulador há mais de uma década, e essas informações devem ser importantes para o Método Modificado.

- Visando a um maior alinhamento com Solvência II, é possível que a SUSEP permita ao mercado brasileiro adotar uma metodologia *Fair Value* alternativa, sem a necessidade de aplicação da IFRS 13, de modo que a CSM de transição seja proveniente somente do PVFCF e do *Risk Adjustment* calculados pelo Modelo Geral de Mensuração na data-base de cálculo.

QUESTÕES

1. A adoção da IFRS 17 requer um importante planejamento para seu reconhecimento inicial e para a definição de um modelo de transição. Nesse contexto, assinale a seguir a alternativa **incorreta** para uma empresa que está avaliando o reconhecimento dos contratos de seguros:

    a) Apesar de a normativa da IFRS 17 possuir início de vigência em 2023, as companhias deverão ser capazes de gerar as informações nesse novo padrão com antecedência, para fins de comparação com resultados do exercício anterior.

b) As empresas que emitem contratos de seguros devem mensurar seu Passivo com base no Modelo Retrospectivo Completo, a menos que seja evidenciado que sua aplicação exige um esforço indevido ou que não há dados suficientes.

c) As abordagens Retrospectiva Modificada e *Fair Value* são alternativas à Abordagem Retrospectiva Completa, porém devem ter sua aplicação justificada.

d) A Abordagem Retrospectiva Parcial é a abordagem-padrão definida pela IFRS 17.

2. Uma companhia que opera no segmento de vida está em fase de reconhecimento inicial dos seus contratos de seguros de acordo com a IFRS 17. Oriunda da fusão de diversas empresas ao longo dos últimos anos, a organização dispõe de uma estrutura tecnológica complexa, possuindo dados íntegros e confiáveis nas aberturas requeridas pela IFRS 17 somente para os dois últimos anos. Tendo em vista o cenário atual da companhia, a atitude mais aderente com a norma seria:

a) Utilizar a Abordagem Retrospectiva Completa de forma automática, independentemente da composição dos dados históricos, nível de integridade e granularidade das informações.

b) Avaliar a implementação da Abordagem Retrospectiva Modificada, tendo como base o histórico de dados íntegro e confiável dos dois últimos anos.

c) Criar uma base hipotética de dados não conciliados e aplicar a Abordagem Retrospectiva Completa, com o objetivo de simular os dados dos contratos de seguros desde sua emissão.

d) Optar pelo modelo *Fair Value*, pois este irá sempre gerar melhores resultados e uma maior CSM no reconhecimento inicial.

3. O modelo de transição Retrospectivo Completo é a abordagem-padrão de transição na mensuração dos contratos de seguros conforme a IFRS 7. Sobre esse modelo, é **incorreto** afirmar que:

a) Devido à alta complexidade e aos elevados custos de implementação envolvidos, as companhias devem avaliar sua capacidade de implementar esse método e adotar um dos modelos alternativos em caso de esforço indevido.

b) Na aplicação da Abordagem Retrospectiva Completa, a companhia deverá possuir os dados para cada UoA, desde a sua emissão inicial, ou, pelo menos, ser capaz de alocar essa informação de maneira consistente a partir de um menor nível de granularidade.

c) Ainda que uma empresa disponha de todos os dados históricos e consiga gerar as informações para a Abordagem Retrospectiva Completa de forma relativamente simples, poderá adotar a abordagem *Fair Value*, caso prefira.

d) Cada componente da IFRS 17 (PVFCF, *Risk Adjustment* e CSM) deve ser calculado na data de *inception* dos respectivos agrupamentos, e a CSM é, posteriormente,

CAPÍTULO 5 | RECONHECIMENTO INICIAL E TRANSIÇÃO DO PADRÃO DA IFRS 4 PARA O PADRÃO DA IFRS 17 **127**

recalculada até a data da transição, realizando-se para cada período os movimentos de avaliação subsequente.

4. Para utilização da Abordagem Retrospectiva Completa, existem aspectos importantes a serem observados por uma empresa na avaliação da disponibilidade de dados. Nesse sentido, é **correto** afirmar que:

   a) Caso seja identificada a indisponibilidade de informações comprovadamente irrelevantes para a mensuração dos contratos de seguros, a companhia poderá optar por uma abordagem *Fair Value*, visto que não possui a totalidade das informações à sua disposição.

   b) Em geral, as informações necessárias para construção das bases de dados de contratos vigentes em cada período são mantidas nos sistemas operacionais das companhias. A ausência das informações históricas sobre os contratos vigentes, porém, pode comprometer a utilização do cálculo retroativo.

   c) Em nenhuma hipótese a companhia poderá utilizar premissas para estimar os dados históricos, ainda que essas premissas estejam fundamentadas em boas práticas e sejam confiáveis.

   d) Caso a companhia detenha todas as informações históricas agregadas, é o suficiente para a aplicação da Abordagem Retrospectiva Completa, pois a alocação entre os diferentes agrupamentos de contratos pode ser feita de forma arbitrária.

5. Para a adoção de uma Abordagem Retrospectiva Modificada, é **correto** afirmar que:

   a) Sua utilização não depende da ausência de informações que possam influenciar a composição das informações históricas ou gerar esforço indevido para a Abordagem Retrospectiva Completa.

   b) Seu objetivo é prover uma boa estimativa para o Modelo Retrospectivo Completo. Como a norma não estabelece objetivamente os requisitos necessários, a companhia pode definir premissas de forma arbitrária para gerar melhor resultado financeiro.

   c) A norma estabelece que a Abordagem Retrospectiva Modificada deve ser sempre priorizada em relação ao modelo *Fair Value*.

   d) Caso seja comprovado que a empresa não dispõe de dados confiáveis e íntegros para a data de *inception* dos contratos de determinado agrupamento, ela poderá, por exemplo, considerar como aproximação uma data de reconhecimento inicial posterior à data da emissão do contrato.

6. A abordagem *Fair Value* é uma alternativa ao método modificado, quando a aplicação da Abordagem Retrospectiva Completa é impraticável pela companhia ou quando a entidade não é capaz de obter informações suficientemente robustas para realizar a abordagem modificada. Qual das seguintes alternativas elenca de forma **correta** as características desse modelo?

a) A abordagem *Fair Value* possui vantagem em relação aos demais modelos de transição, visto que sua aplicação será sempre capaz de proporcionar uma maior CSM.

b) A abordagem de mensuração da IFRS 13 utilizada na abordagem *Fair Value* define uma lista de critérios objetivos, parâmetros atuariais e financeiros a serem utilizados nas projeções de fluxos de caixa.

c) Para aplicação da abordagem *Fair Value*, a CSM será definida a partir da diferença entre o *Fair Value* de um grupo de contratos mensurado conforme a IFRS 13 e os fluxos de caixa estimados pelo modelo geral de mensuração da IFRS 17.

d) As diferenças decorrentes das premissas não financeiras estimadas pela entidade e as determinadas pelo mercado não possuem relevância para o modelo *Fair Value*.

COSTA SILVA, Josemar. Práticas contábeis de seguros: análise comparativa entre as normas brasileiras e o projeto proposto pelo IASB. *Cadernos de Seguros*: teses, v. 10, n. 23, Rio de Janeiro, Funenseg, 2005.

ENGLAND, Peter D.; VERRALL, Richard J. Stochastic claims reserving in general insurance. *British Actuarial Journal*, v. 8, n. 3, p. 443-544, 2002. Disponível em: https://www.jstor.org/stable/41141552. Acesso em: 19 jul. 2022.

EUROPEAN ECONOMIC COMMUNITY WORKING PARTY. *Regras Basiléia I e Basiléia II*.

GITMAN, Lawrence J. *Princípios de administração financeira*. São Paulo: Pearson, 2002.

INTERNATIONAL ACCOUNTING STANDARDS BOARD (IASB). *International Financial Reporting Standards*: Insurance – IFRS 17. London: IASB, 2020.

WISER, R. F.; COCKLEY, J. E.; GARDNER, A. Loss reserving. *Foundations of Casualty Actuarial Science*. 4. ed. Arlington: Casualty Actuarial Society, 2001.

CAPÍTULO 1 – INTRODUÇÃO

Questão 1 – B

Questão 2 – D

Questão 3 – D

Questão 4 – A

Questão 5 – C

Questão 6 – D

Questão 7 – C

Questão 8 – A

Questão 9 – A

Questão 10 – A

CAPÍTULO 2 – CONTRATOS DE SEGURO – IFRS 17

Questão 1 – B

Questão 2 – A

Questão 3 – A

Questão 4 – C

Questão 5 – A

Questão 6 – C

Questão 7 – A

Questão 8 – A

Questão 9 – A

CAPÍTULO 3 – MODELO GERAL DE MENSURAÇÃO – PASSIVO PARA COBERTURA REMANESCENTE

Questão 1 – B

Questão 2 – C

Questão 3 – D

Questão 4 – D

Questão 5 – C

Questão 6 – A

Questão 7 – B

Questão 8 – B

Questão 9 – C

Questão 10 – D

Questão 11 – A

Questão 12 – B

Questão 13 – D

CAPÍTULO 4 – MODELO DE MENSURAÇÃO – PASSIVO PARA SINISTROS INCORRIDOS

Questão 1 – B

Questão 2 – C

Questão 3 – A

Questão 4 – B

Questão 5 – C

Questão 6 – D

Questão 7 – C

Questão 8 – A

Questão 9 – C

Questão 10 – A

Questão 11 – B

CAPÍTULO 5 – RECONHECIMENTO INICIAL E TRANSIÇÃO DO PADRÃO DA IFRS 4 PARA O PADRÃO DA IFRS 17

Questão 1 – D

Questão 2 – B

Questão 3 – C

Questão 4 – B

Questão 5 – D

Questão 6 – C

ÍNDICE ALFABÉTICO

A

Abordagem

  fair value, 123

  retrospectiva

    completa, 118

    modificada, 121

Accretion de juros, 31, 90

  sobre a CSM, 62

Agrupamentos de contratos, 13, 14

Ajuste ao risco, 51

  não financeiro, 50, 92

Ajuste de experiência (*experience variance*), 37, 63

Alterações de premissas, 63

Amortização da CSM (*release*), 64

Atualização de premissas, 30, 90

Available For Sale (AFS), 20

Avaliação

  da CSM e *loss component* para um grupo de contratos, 122

  da data de *inception* e data de reconhecimento inicial, 121

  da *experience variance*, 37

  subsequente, 89

B

Benefícios, 45

Building Block Approach (BBA), 23, 29

C

Comissões e custos de aquisição diferidos, 44

Contrato(s)

  de seguro, 9

  oneroso, 15

  sujeitos a riscos de seguros, 12

Contribuições, 45

Correções de modelo, 30, 64, 90

Curva

  de persistência, 42, 43

  de sinistralidade, 42

Custo de capital, 51

D

Data

  de *inception*, 121

  de reconhecimento inicial, 121

Definição de *units of account*, 14

Despesas, 45

  incorridas, 55

  relacionadas aos sinistros, 45

Distribuições lognormal, normal e gama, 106

E

Economic Scenario Generator (ESG), 13

Efeito em Patrimônio Líquido, 19

Estimação dos fluxos de caixa futuros (PV-FCF), 84

Estimativas dos fluxos futuros, 21

Experience variance, 31, 91

F

Fair Value (FV), 21

G

Ganho de longevidade, 40

Garantias, 45

Gestão do negócio por safras de emissão, 17

Grupos

  de rentabilidade, 15

  de riscos similares, 13

Guaranteed Annuity Option (GAO), 13

I

IFRS 17, 3, 9, 20
Improvement, 40
Invalidez, 39

L

Liability for
  Incurred Claims (LRC), 22
  Remaining Coverage (LRC), 22
Locked In Rate (LIR), 21, 30
Longevidade, 39
Loss component, 15, 61

M

Maior *risk adjustment*, 51, 93
Marcação a mercado, 31, 37, 91
Margem
  de Serviço Contratual, 18, 22, 61
Mark to Market (MtM), 20
Menor *risk adjustment*, 51, 93
Método(s)
  de *stress testing*, 52
  estocásticos, 53
  PAA, 23
Modelagem
  do ajuste ao risco não financeiro, 50
  dos fluxos de caixa (*Fullfillment Cash Flows*), 43
Modelo(s)
  de Mack, Poisson com sobredispersão, 95, 96, 97
  de mensuração, 21
    passivo para sinistros incorridos, 81
  geral de mensuração, 23, 24, 27
Morbidade, 39

Mortalidade, 39
Motor de cálculo atuarial, 43
Mudanças na avaliação dos contratos em IFRS 17, 18

N

Novos
  contratos emitidos, 65
  negócios, 31, 90

O

Opções embutidas, 45
Outras premissas, 39

P

Passivos para sinistros incorridos, 83
Persistência, 40, 44
Portabilidades, 45
Prêmios
  emitidos, 44
  ganhos, 55
Premissas
  financeiras, 39
  não financeiras, 39
Premium Allocation Approach (PAA), 22, 23
Processo de *Fullfillment Cash Flows*, 44
Projeção dos fluxos de caixa futuros (PVF-CF), 38, 63
  no início do período, 30, 90
Pseudotriângulo, 97, 98

R

Refinamento dos modelos, 30, 90
Release esperado de sinistros e despesas, 31, 90
Resgates, 45

Ressarcimentos e salvados, 45

Risco

de seguros, 12

de subscrição, 11

financeiro, 12

Risk Adjustment, 51, 52, 54

Roll forward, 30

S

Saldo de PVFCF ao fim do período, 31, 91

Segregação por safras, 17

Seguro(s)

de danos, 51

de *property and casualty* (P&C), 11

Seleção dos agrupamentos em IFRS 17, 13

Separação de contratos onerosos, 15

Sinistralidade, 40

Sinistros

ocorridos, 45

retidos, 55

T

Tábuas de mortalidade e de invalidez, 42

Taxas

de administração e, 45

de conversão em renda, 40

Técnica de *bootstrap*, 95

Time Value of Future Options and Guarantees (TVOG), 13

Tributos, 45

U

Units of Account (UoA), 13

V

Valor presente dos fluxos de caixa futuros, 21